Georg Cornelissen

Nix für ungut!
Wörter und Wendungen
vom Niederrhein

Georg Cornelissen

Nix für ungut!
Wörter und Wendungen vom Niederrhein

Greven Verlag

Nix für ungut!

Wörter und Wendungen vom Niederrhein: *Hickepick* und *Hickeschlick*, *Buxe* und *Bütterken*, *vor die Pump geflitzt* oder *die Pimpernellen kriegen*. Manche existieren nur hier, andere sind in ähnlicher Weise im deutschen Sprachraum weit verbreitet. So ist zum Beispiel die Wendung *Nix für ungut* in der Schweiz als *Nüt für unguet* bekannt. In der niederrheinischen Umgangssprache ist das *x* in *nix* dem alten Platt zu verdanken: auf Platt heißt es *nex*. *Nex te make* ist im Dialekt zu hören, wenn sich die verrostete Schraube partout nicht mehr lösen lässt. Die hochdeutsche Alternative zu *nix* wäre *nichts*, aber dieses phonetisch anspruchsvolle Kleinwort lässt sich eben nur mit äußerster Konzentration lautrichtig aussprechen. *Dat geht nich immer*.

Wenn Sie sich die Überschriften der Texte ansehen, ist klar, um welche der Sprachen des

Niederrheins es sich jetzt dreht: *Dann kucken wer ma! – Ich bin sowwat von kaputt. – Wat man nich im Kopp hat* ... Das ist weder Platt noch Hochdeutsch, sondern regionale Umgangssprache, die im Alltag oft die erste Wahl darstellt, *dat* und *wat* sind ihre Markenzeichen. Man könnte diese Alltagssprache auch einfach »Niederrheinisch« nennen. »Regiolekt« meint dasselbe. Sie werden überrascht sein, welche Geschichten sich freilegen lassen, wenn man ganz alltägliche Wendungen und Wörter umkreist.

Wenn Sie selbst *von hier* stammen, werden Sie vieles wiedererkennen: Die erwähnten Orte, sicherlich auch die »Baggerlöcher und Seen« oder die Streuobstwiesen, auf denen *Äppel geklaut* wurden. Wiedererkennen aber werden Sie vor allem Ihre Nachbarinnen und Kollegen, die Wörter verwenden wie *Schluffen* und *Frittenbude* und die einen Kopf auch schon mal *Kürbis* oder *Rübe* nennen. Und natürlich werden Sie auch immer wieder Ihrem eigenen Sprachgebrauch begegnen, zu dem Wendungen gehören dürften wie *Da bisse vonne Söck* oder *Jetz ma Butter bei die Fische!* Und dass man am Niederrhein nach einer besonders pünktlichen Person *die Uhr setzen* kann (während sie anderswo nach solchen Leuten *gestellt* wird), ist auch kein Zufall: Hier spielt das Wort *setzen* eine besondere Rolle, allerdings nicht zu verwechseln mit *sitzen gehen*. Vielleicht *gehn Sie jetz schomma sitzen*, um in Ruhe weiterlesen zu können.

Achtzig Texte warten auf Sie. Viele davon sind in den vergangenen Jahren in der NRZ auf der Seite »Wir vom Niederrhein« erschienen. Der Titel der Zeitungskolumne lautet *Nix für ungut!* Diese Wendung fügen wir am Ende eines Gesprächs hinzu, wenn wir jemandem etwas

Unangenehmes sagen mussten – oder wenn wir es auf unangenehme Weise getan haben. »Nicht übelnehmen« oder »War nicht böse gemeint« lautet die Botschaft. Aber wenn mich nicht alles täuscht, hat sich diese Wendung schon zu einer Formel weiterentwickelt, die sogar als Abschiedsgruß einsetzbar ist. Dann lässt sich ein Gespräch statt mit *schüsskes!* oder *Bis die Tage!* auch mit einem fröhlichen *Nix für ungut!* beenden.

    Und wenn jemand die Unterhaltung mit *Nix für ungut!* eröffnet? Das wäre wohl keine kuschelige Begrüßungsfloskel, eher die Botschaft: »Warm anziehen! *Jetz kommt wat auf dich zu!*« Aber so ist dieses Buch natürlich ganz und gar nicht gemeint. In diesem Sinne: *Nix für ungut!*

Der Hickeschlick hört nich auf

Wer im Linksrheinischen zu Hause ist, wird bei dieser Überschrift protestieren: *Dat heiß doch Hickepick!* Richtig ist – beides. Auf dem rechten Rheinufer ist *Hickeschlick* in der Umgangssprache beliebt; wer *-pick* sagt, wohnt meist auf dem anderen Ufer. Zugrunde liegt das Dialektwort *Hick* (oder: *Heck*) für den Schluckauf. In *Hickeschlick* ist ein zweites Hickserwort angefügt worden: der *Schlick*. Wie in *Muckefuck* oder *Huckepack* wurde zwischen beiden Bestandteilen ein sogenannter Murmelvokal eingefügt.

    Auch der *Pick* war einmal eine Bezeichnung für diese unangenehme Reaktion des Zwerchfells. Das Schöne ist: *Hick* und *Schlick* und *Pick* reimen sich. Übrigens gab es den *Hickepick* früher auch im Bergischen Land – allerdings mit einer völlig anderen Bedeutung: Dort meinte er einen Menschen, der hinkte!

Geht man von den alten niederrheinischen Vokabeln aus, könnte es heute auch umgangssprachliche Varianten wie *Hickeschmick* oder *Hickemick* geben. Vielleicht kennt sie ja jemand unter den Lesern und Leserinnen. Wer jetzt an *Heckmeck* denkt (*Mach nich son Heckmeck!*), gerät allerdings auf einen linguistischen Holzweg. Das *Heck* in *Heckmeck* hängt wohl ursprünglich mit *hacken* zusammen.
Wer *Heckmeck* macht, legt ein umständliches Getue an den Tag. Doch zurück zu *Hickeschlick* und *Hickepick*: Das Verhältnis linksrheinisch – rechtsrheinisch wird uns noch mehrere Male beschäftigen, jede Seite hat ordentlich was zu bieten.

Dann kucken wer ma!

Am 3. September 2020 durfte Robin Gosens erstmals für die deutsche Nationalmannschaft kicken. Im Anschluss gab der aus Elten stammende Fußballer dem ZDF ein Interview, in dessen Verlauf er meinte: *Dann kucken wer ma!* Da fällt einem doch sofort ein anderer Fußballspieler ein: Franz Beckenbauer, aus München stammend, dessen sprachliches Markenzeichen lautete: *Schau'n mer mal!*

    Die Gosens-Äußerung ist quasi eine Übersetzung aus dem bayerischen Deutsch ins Niederrheinische. Die Niederrheinerin *kuckt*, die Bayerin *schaut*. Das bajuwarische *mer* (wir) gibt es zwar im Rheinischen (*Mer han jewonne*: Wir haben gewonnen), aber nicht am unteren Niederrhein. Dafür ist in der hiesigen Umgangssprache neben dem betonten *wir* das unbetonte *wer* unverzichtbar: *Hamwer nich, brauchen wer nich, kucken wer nich.*

Und warum hat unser *ma* kein *l*? Das liegt wohl daran, dass hier zwei Wörtchen miteinander verschmolzen sind, nämlich *mar* und *mal*. *Bliff mar sette!* Diese Aufforderung im Platt wäre zu übersetzen mit: *Bleib nur sitzen!* Wobei das *-r* unhörbar ist wie in *wahr* oder *Jahr*. Wir sagen *waa* und *Jaa*. Das *mar* im Dialekt ist also phonetisch identisch mit dem umgangssprachlichen *ma*. Und dann muss *ma* mit dem *mal* eine unauflösliche Liaison eingegangen sein, ein echtes *Krösken*: *Hömma! Komma! Kumma!* In solchen Kontraktionen steckt lautlich also das alte *mar*, wir identifizieren es allerdings mit *mal*: *Hör' mal! Komm mal! Schau' mal!*

 Äußerst beliebt ist am Niederrhein die Kurzfassung des Fußballersatzes, sie lautet: *Ma kucken!* Also: *Ma kucken, wer dat nächse Tor schießt!*

Gespannt wien Flitzebogen

Seit dem Jahr 2020 steht der *Flitzebogen* auch im Duden-Rechtschreibwörterbuch. Und davor? In den früheren Auflagen wurde lediglich der *Flitzbogen* verzeichnet, versehen mit dem Hinweis, das Wort werde nur »umgangssprachlich« verwendet. Im Schriftdeutschen ist unser *Flitzebogen* nämlich ganz einfach ein *Bogen*. So jagen die Komantschen in Wildwestfilmen ja normalerweise mit Pfeil und *Bogen* (wenn sie denn keine Gewehre haben). Ich möchte aber darauf wetten, dass die meisten Lehrer und Lehrerinnen am Niederrhein den *Flitzebogen* im Klassenarbeitsheft durchwinken.

Flitz in *Flitzebogen* ist ein altes Wort für »Pfeil«, weiter südlich im Rheinland wird daraus *Flitsch*. Am Niederrhein kennt man auch die *Fletsch* (die Zwille), die hier auf Hochdeutsch gern *Schleuder* genannt wird. *Fletsch*, *Flitsch* und *Flitz* sind miteinander verwandt.

Gespannt wien Flitzebogen: Das kleine *wien* wird, anders als das große *Wien*, im Normalfall nicht geschrieben. Es entsteht aus *wie ein*, das über *wie-en* zu *wien* werden kann. *Er stand da wien Ochs vorm Berge* oder: *Er sah aus wien begossener Pudel* oder: *Er is bekannt wien bunter Hund*: Der Name der österreichischen Hauptstadt ist so in aller Munde.

Manches deutet darauf hin, dass *Flitzebogen* in dieser Lautgestalt gar nicht vom Niederrhein, sondern aus dem Westfälischen stammt, dann aber hier adaptiert wurde. Niederrheinische Dialektvarianten wären wohl *Fletzboge*, *Fletzemboge* oder *Fletzenbogen*. Aber *wien* großer Philosoph aus Köln mal gesagt hat: *Man muss auch jönnen können.*

Da bisse vonne Söck

Et gibbt sonne un sönne. Die Einen sind *vonne Socken*, wenn ihnen vor Überraschung nichts mehr einfällt, während die Anderen in derselben Situation *vonne Söck* sind. *Socken* und *Söck* – die Mehrzahlbildung der niederrheinischen Umgangssprache hat es in sich.

Das liegt oft daran, dass sowohl die hochdeutsche Option (*Socken*) als auch die Variante des Dialekts (*Söck*) in der regionalen Umgangssprache in Betracht kommen. Man kann umgangssprachlich ja auch mit der *Fiets/Fitz* (Dialekt) oder mit dem *Fahrrad* (Hochdeutsch) fahren – auch wenn phonetisch vielleicht ein *Farradd* daraus wird. Man kann eine *Bux* oder eine *Hose* anziehen (aber bitte ohne *Hochwasser*, sodass man die *Söck* oder *Socken* nicht sieht).

Zur Mehrzahlform *Söck* gehört auf Platt die Einzahl *Sock* – und dieses Wort kann auch auf

Menschen übertragen werden. Dann spricht man von *ärme Sock* (wenn jemand zu bemitleiden ist) oder von *guje Sock* (wenn eine Person zu gutmütig und deshalb leicht auszunutzen ist). Aber in manchen Dialekten des Niederrheins hat auch die Einzahl schon ein *ö*: *dä Söck*.

    Wer *vonne Söck* ist, dann aber seine Sprache wiederfindet, wird vielleicht ausrufen: *Leck de Söck!* Oder, nachdem ihm sein gesamter Wortschatz wieder zur Verfügung steht: *Leck mich anne Söck!* Es wird noch mehr Variationen geben, die sind aber niemals wortwörtlich zu nehmen! Auch dann nicht, wenn ein Witzbold das Ganze ins Hochdeutsche verlagert: *Lecken Sie mich doch an den Socken!*

Aus der Werkzeugkiste

Schraubenzieher – eins der unspektakulärsten und selbstverständlichsten Wörter am Niederrhein. Dachte ich zumindest, bis ich hörte, wie junge Eltern im Gespräch mit ihrem zweijährigen Sohn vom *Schraubendreher* sprachen, als dieses Werkzeug gemeint war. Es sei noch betont, dass sich besagte Eltern ansonsten keineswegs einer überkandidelten Diktion befleißigen und beispielsweise *dat* und *wat* regelmäßig verwenden. Da *Schraubendreher* in Wörterbüchern als »fachsprachlich« eingestuft wird, wäre das Wort also eher in der Berufsschule als im Kinderzimmer zu erwarten.

Dagegen passt *Schraubenzieher* 1:1 zu *Schruvetrecker* im Dialekt, *trecken* bedeutet »ziehen«. Unter dem Aspekt der Wortbildung ist der *Schraubenzieher* mit dem *Plombenzieher* verwandt, auch *Blombenzieher* ausgesprochen. Ein *Bröcksken* ist der Plombenzieher par excellence. Fachsprachlich ist es übrigens ein *Bonbon*, *das* oder sogar *der Bonbon,* französisch zu artikulieren und auf der zweiten Silbe zu betonen. Statt *Bröcksken* sagt man in der regionalen Alltagssprache auch *Klümpchen* – oder schlicht *Bombom* (*Bombong*), aber bitte mit stinknormaler Erstsilbenbetonung.

Doch unser Thema war ja der *Schraubendreher*: Wenn Sie im Falle des Falles nach einem Süßwarengenuss eine Zahnärztin aufsuchen müssen, greift diese hoffentlich nicht zu ebenjenem. Auch wenn Zahnärzte scherzhaft schon mal *Zahnklempner* genannt werden und wie die Handwerker mit ihren Händen arbeiten, sollten sie bei den Werkzeugen doch ganz anders ausgestattet sein.

Nikolauskerle und andere Gestalten

Das Niederländische kennt so manche schöne Redewendung: *Dat komt als mosterd na de maaltijd* gehört zu meinen Favoriten. Wer noch niederrheinisches Platt spricht, kennt das Ganze vielleicht als *Dat kömp as Mostert nor et Äten*. Wenn der Senf erst nach der Mahlzeit aufgetischt wird, kommt er definitiv zu spät.

    Und wenn die *Stutenkerle* oder *Weckmänner* erst Wochen nach Nikolaus serviert werden? Wie lange sind diese »Gebildbrote«, wie sie fachsprachlich heißen, denn überhaupt zu bekommen? Ursprünglich wurden sie am 5. oder 6. Dezember kredenzt, wenn Nikolaus, der Kinderfreund, seinen Auftritt hatte. Deshalb hießen diese Brotmännchen am Niederrhein auch gern *Kloaskerl*, also Nikolauskerl.

    Nun tritt die Brotgestalt (mit oder ohne Pfeife) ihren Dienst schon zu Sankt Martin an – da passen neutrale Bezeichnungen wie *Stutenkerl* und *Weckmann* schon besser. Je weiter man sich am Niederrhein nach Osten bewegt, desto häufiger hört man wie in Westfalen: *Stutenkerl*; der *Weckmann* dagegen verbindet den unteren Niederrhein mit dem Rheinland Kölner Prägung. *Weck* und *Stuten* stehen für eine bestimmte Brotsorte, die, als tagtäglich noch grobes Schwarzbrot auf den Tisch des Hauses kam, das Besondere ausmachte.

Ein *Stutenkerl* (oder *Weckmann*), belegt mit Käse, ist für viele am Niederrhein noch immer eine Delikatesse. Es würde mich auch nicht wundern, wenn es in manchen Familien eine Variante mit Käse und Mostert gäbe: Guten Appetit!

Dies Jahr war alles anders, wa?!

Soll man hinter einen solchen Satz mit dem typisch niederrheinischen *wa* nun ein Fragezeichen oder ein Ausrufezeichen setzen? Eigentlich müsste ja wohl ein ganz neues Satzzeichen erfunden werden – eins für Stoßseufzer!!

Das *wa* ist ein Vergewisserungssignal: Wir beziehen unser Gegenüber in unseren Gedankengang mit ein: *Stimmt doch, wa?! – Da bisse vonne Socken, wa?!* Die Vergewisserung bietet sich auch bei Urteilen über Mitmenschen an: *Die hat se doch nich mehr alle, wa?!* In der verneinten Form lautet der Zusatz *wa nich* (man könnte auch *wannich* schreiben). Ein Mädchen aus der Nachbarschaft fügte in meiner Jugend dann zusätzlich noch ein *nää* ein: *Dat tuße abber nich noch ma, nää, wa nich?! – Et sieht nich na Regen aus, nää, wa nich?!*

Das *wa* könnte einst aus *wat* entstanden sein, das *t* am Wortende wäre dann dem Hang zur phonetischen Kürzung zum Opfer gefallen. In manchen Dialekten des Niederrheins, zum Beispiel in Winnekendonk, hat die Verneinung *nitt* (nicht) ja ebenfalls den Auslaut verloren: *Dat hebb ek ni gesach* – in diesem Satz steht *ni* für *nitt*, nicht zu verwechseln mit hochdeutsch *nie* (das heißt auf Platt eigentlich *noots*, niederländisch *nooit*).

In Teilen des Ruhrgebiets und in Westfalen sagt man *woll*: *Dat Pilsken schmeckt gut, woll?!* In Berlin und in Brandenburg ist *wa* wie am Niederrhein ein sprachliches Markenzeichen, auch im Aachener Raum ist das Wörtchen sehr beliebt. In diesem Sinne: *Tschüss wa!*

Ich bin sowwat von kaputt

Kaputt lässt sich hier übersetzen durch »müde« oder »erschöpft«. Mitunter hört man stattdessen auch *erledigt*. Jemand hätte vielleicht noch einiges zu tun, zu *erledigen* sozusagen, aber dann merkt er, dass er viel zu *erledigt* ist, um das alles zu schaffen. Der Rest bleibt dann logischerweise *unerledigt*.

Doch zurück zu *kaputt*: *Ich bin sowwat von kaputt*. Betrachtet man diesen niederrheinischen Satz unter emotionalem Vorzeichen, dann handelt es sich um einen sprachlichen Ausdruck der Erschöpfung, wenn nicht gar um einen Hilferuf. In grammatischer Hinsicht lässt er sich als Steigerungssatz beschreiben. Die sprechende Person ist nicht einfach ermüdet oder erschöpft, nein, ihre Reserven sind komplett aufgebraucht, sie befindet sich bereits am Rande eines Zusammenbruchs. Viel *kaputter* geht es nicht mehr.

Ich war sowwat von genervt. – Ich bin sowwat von hinüber. – Täuscht mich der Eindruck, oder waren die *sowwat*-Sätze früher einmal besonders in negativen Kontexten angesagt? Heute lassen sie sich, soweit ich sehe, vielfältig einsetzen, sodass jemand auch *sowwat von begeistert* oder *sowwat von happy* sein kann. So was haben Sie sicherlich auch schon mal gehört (wenn nicht sogar selbst geäußert).

Dieses *sowwat* wird hier zusammengeschrieben, weil es sich phonetisch ganz deutlich von *so wat* unterscheidet. Denken Sie an einen (fragenden, tadelnden) Satz wie *Wo gibbet denn so wat?* Eigentlich könnte man hier sogar *soo wat* schreiben, aber so weit möchte ich nun doch nicht gehen.

Wer hat meine Schluffen gesehen?

Bei *Schluffen* ist der Mensch immer froh, wenn er sie in der Mehrzahl findet: *Wo habbich die Schluffen gestern Abend hingestellt?* Und wenn Sie dann nur einen entdecken (weil der andere sich hartnäckig versteckt hält): Ist es dann *der Schluff* oder *der Schluffen*? Das Wort entstammt ja dem niederrheinischen Platt und heißt dort *Schloff*. Es handelt sich um eine regionale Variante der niederländischen Hausschuh-Bezeichnung *slof*. Manche am Niederrhein werden die Einzahl *der Schluff* noch gebrauchen: Sie orientiert sich an der einsilbigen Form im Dialekt. In Krefeld gibt es eine historische Dampfeisenbahn, die im Volksmund und auch ganz offiziell *Schluff* heißt. Damit ist durchaus der »Pantoffel« gemeint.

    Autoenthusiasten, wie sie unter den Deutschen ja nicht selten anzutreffen sind, nennen die Räder beziehungsweise Reifen ihres Gefährts ganz gern *Schluffen*: *Willze ma kucken, ich habb neue Schluffen aufziehen lassen.* Bleibt auch hier die Frage nach der grammatischen Einzahl, also nach dem Reifen des Reserverads: ein *Schluff* oder ein *Schluffen*? Der Niederrhein kennt außerdem das Tätigkeitswort *schluffen*; gemeint ist damit aber keine Form des Fahrens, sondern eine des Gehens, die fast schon an Untätigkeit grenzt. *Schluff nich so* lautet eine korrigierende Aufforderung. Die Älteren erinnern sich bestimmt noch an die fahrbaren Untersätze der Marke Goggomobil (echte Kleinstwagen): Die müssen damals mit *Schlüffkes* gefahren sein.

Sag mir, wo die Buxen sind

Schluffen und *Schlüffkes* ziehen wir ja an, ohne dass sie richtig zu den *Anziehsachen* gehören. *Anziehsachen* bedecken Beine, Rumpf, Arme und Kopf, aber auf der unteren Ebene heißen sie *Schuhe*. Jetzt soll sich aber alles um echte Anziehsachen drehen, im Besonderen um die Beinkleider, die am Niederrhein *Buxen* heißen.

    Lassen Sie mich mit einer kleinen Aufzählung beginnen: *Alltagsbuxen, kurze Buxen, lange Buxen, Lederbuxen, Manchesterbuxen, Nietenbuxen, Schwimmbuxen, Sonntagsbuxen, Unterbuxen*. Nicht zu vergessen die *Buxenpiepen* (Hosenbeine). Aber die *Buxe* – jetzt ist nur das Wort gemeint und nicht das Kleidungsstück – kommt langsam aus der Mode. So wurde aus der *Schwimmbuxe* zunächst eine *Badebuxe* und dann die *Badehose*; dass sich während dieser Metamorphose auch Form, Design und Größe gewandelt haben, steht auf einem anderen Blatt. Die *Manchesterbuxe* mutierte über *Manchesterhose* zur *Cordhose*, eine *Nietenbux* ist heute einfach eine *Jeans*. Trotz alledem: Eine *tote Hose* kann immer noch eine *tote Buxe* sein.

Die *Buxe* oder kürzer: die *Bux* stammt eigentlich aus dem niederrheinischen Platt, dort wird sie mit *o* gesprochen (allerdings mit dem »geschlossenen« *o* wie in *modern*, nicht mit dem »offenen« *o* aus *Rock* oder *Bock*). Der *Bock* spielt jedoch in der Wortherkunft eine entscheidende Rolle: Die *Bux*, man könnte sie auch *Bucks* schreiben, ist die Beinbekleidung aus Bocksfell. Hier wurde also der Bock zur Hose gemacht.

Niemand war auf Schöcklebömm

Karneval is öm: Niemand war auf Schöcklebömm! Nicht alle am Niederrhein werden diesen Reim gleich verstehen. Denn während *auf Jück* allgemein verbreitet ist, hat sich *auf Schöcklebömm* nur kleinräumig durchgesetzt. Bedeuten tut es dasselbe. Es ist den Menschen vor allem im Gebiet Xanten – Wesel – Rheinberg – Geldern geläufig, so eine Karte in dem Buch »Der Niederrhein und sein Deutsch«.

Ein Wort wie *Schöcklebömm* reizt die Fantasie: Wie mag es entstanden sein? Was bedeutet es »eigentlich«? So geht es uns auch mit *Trallafitti*, diese umgangssprachliche Vokabel ist im Rechtsrheinischen im Umlauf. Wer anderswo *auf Jück* oder *auf Schöcklebömm* ist, ist in Voerde oder Oberhausen *auf Trallafitti*, aber im Klever Raum kennt man dieses Wort anscheinend auch. Die Frage nach der Wortherkunft lässt sich bei *auf Jück* gut beantworten: Im Dialekt bedeutet *jücke* oder *jöcken* sowohl »jucken« und »schnell gehen/fahren« als auch »zum Vergnügen eine Reise machen«. Nachzutragen ist noch *auf Jusch* (oder *auf Jüsch*), bekannt zwischen Straelen, Krefeld und Mönchengladbach.

    Wer an den tollen Tagen an die holländische Nordseeküste fährt, stellt rasch fest, dass Tausende Karnevalsflüchtlinge dieselbe Idee hatten: Die sind sozusagen in der Ferne *auf Jück* oder *auf Tour*. Echte Karnevalisten und Karnevalistinnen aber sind zu dieser Zeit zu Hause (oder in Düsseldorf oder in Köln) *auf Schöcklebömm*.

Kuhdörfer im Hippeland

Hipp nennt man im Dialekt eine Ziege. *Hippemelk* ist die Ziegenmilch, und der *Hippestall* erklärt sich dann von allein. Aber *Hippeland*? Viele von Ihnen wohnen im *Hippeland*, vielleicht ohne dieses Wort selbst zu benutzen. Das *Hippeland* ist nämlich derjenige Teil des Niederrheins, der aus Sicht der Ruhrgebietsstädte ländlich und abgelegen ist. Wer mit der Bahn reist, weiß, dass der »*Hippelandexpress*« ins *Hippeland* fährt. Je näher die Staatsgrenze, je weiter im Norden, desto mehr *Hippeland* – so könnte eine Faustformel der niederrheinischen Geografie lauten.

    Für Großstadtmenschen ist vermutlich jeder Ort im *Hippeland* ein *Kuhdorf*. Beides passt ja auch wunderbar zusammen: Ziege und Kuh stehen für das Ländlich-Zurückgebliebene – und dann noch die Gerüche! (Auch wenn es Leute gibt, deren Nasen »Kuhstall« keineswegs mit

»Gestank« assoziieren, wenigstens bei Ställen früherer Art).

 Die *Hippeländer*innen* selbst vermögen die Siedlungsstruktur ihrer Heimat differenzierter zu sehen, sodass sie sehr wohl zwischen Stadt, Städtchen, Dorf, *Kuhdorf* und *Kaff* unterscheiden können, *Bauer(n)schaften* und *Hon(n)schaften* nicht zu vergessen. Oder wie eine Besucherin aus Frankreich diese feinen Abstufungen kommentierte: *Vive la différence!* Nachzutragen wäre vielleicht noch, dass anderswo in Deutschland Orte offizielle Namen wie *Kühdorf* oder *Kühedorf* tragen. Vermutlich lag dort die Rinderdichte zum Zeitpunkt der Namengebung deutlich höher als in einem gewöhnlichen *Kuhdorf* niederrheinischer Art.

Vor die Pump geflitzt

Im Niederrheinischen gibt es eine schier unüberschaubare Zahl sprachlicher Optionen, wenn ausgedrückt werden soll, dass ein Mitmensch nicht ganz gescheit oder sogar ganz ungescheit ist. *Der hat se doch nich mehr alle* gehört zum Standard, wobei offenbleibt, ob es sich bei dem Abhandengekommenen um *Tassen im Schrank* handelt oder um Zählbares anderer Art. Alternativ wäre *Der is doch vor de Pump geflitzt* möglich. Varianten des *Pumpen*-Satzes enthalten statt *vor* ein *gegen* und statt *de* ein *die*. Anstelle von *flitzen* können die Menschen am Niederrhein aber auch *rennen* oder *laufen*, wenn sie auf die Problempumpe stoßen, also zum Beispiel: *Der is doch gegen die Pumpe gelaufen*.
    Die *Pumpe* hat im Dialekt nur eine Silbe: *Pomp*. So erklärt sich dann auch die *Pump* in der *geflitzt*-Variante. Wann wer nun aber von *Pump* oder von *Pumpe* spricht, müsste erst noch in

umfangreichen Studien geklärt werden. Möglicherweise ließe sich das mit Hilfe von Freiwilligen in Erfahrung bringen, die entsprechende Befragungen Ort für Ort durchführen könnten. In einem zweiten Schritt ließen sich dann die *Tassen* zählen.

Damit jetzt niemand zu früh frohlockt: Alle *Pumpen*-Sätze funktionieren auch mit *die* am Anfang, das Subjekt kann also auch weiblich sein. Ob *die* vielleicht eher *flitzt* und *der* eher *rennt*, muss allerdings ebenfalls erst noch empirisch ermittelt werden.

Äppel klauen auf der Streuobstwiese

Ich weiß nicht mehr genau, wann ich das Wort *Streuobstwiese* zum ersten Mal in meinem Leben gehört habe, aber es muss lange nach der Kinderzeit gewesen sein. Obwohl – genau gegenüber von meinem Elternhaus, auf der anderen Seite der Straße, lag damals eine solche Wiese mit Obstbäumen. Bekannt war sie mir allerdings unter der Bezeichnung *Bongert*. Als ich dann Jahrzehnte später von *Streuobstwiesen* las, dachte ich zunächst, die müssten irgendwo in Süddeutschland liegen; am Niederrhein gab es so etwas nicht – glaubte ich.

Bongert ist ein altes Dialektwort, es setzt sich zusammen aus *Boom* und *Gard*, meint also »Baumgarten«, im Niederländischen kennt man es als *boomgaard*. Die rheinische Bezeichnung *Wingert* ist nach demselben Muster gebildet: *Win* (Wein) und *Gard*. Der *Bongert* taucht auch in Familiennamen des Niederrheins auf, man denke an *Bongers* oder *Bongartz*.

Als Kinder haben wir manchmal im *Bongert* Obst stibitzt, also Birnen oder Äpfel. Wir nannten das *Äppel klauen*. Nachdem uns dann aber der Eigentümer einmal erwischt und formvollendet ermahnt hatte, war seine Streuobstwiese für uns tabu.

In besagtem *Bongert* stand noch ein altes Gebäude, das wohl einmal eine Scheune gewesen sein musste. Es wurde von uns als *Shop* bezeichnet, was man damals wohl *Schopp* geschrieben hätte, wenn das Wort denn geschrieben worden wäre. Aber *Schopp* und *Bongert* sind natürlich Wörter der gesprochenen Umgangssprache, im Duden kommen sie nicht vor.

Wat man mit Klumpen machen kann

Viele Wendungen, die im niederrheinischen Platt einen Ehrenplatz haben oder hatten, tauchen in der regionalen Umgangssprache unserer Tage nicht (mehr) auf. Sie sind also auf den Dialekt (Platt) beschränkt, so verhält es sich auch mit: *Dän Hondertste versteht et Klompemaken nitt.* Die umgangssprachliche Version *Der Hundertste versteht et Klumpenmachen nich* ist kaum je oder sogar nie zu hören.

    Der Beruf des Holzschuhmachers war einst eine wenig profitable und handwerklich recht einfache Profession. Vor diesem sozialhistorischen Hintergrund ließe sich, kombinierend oder spekulierend, nach dem »Sinn« dieser Dialektwendung fragen, im Handumdrehen wäre man damit allerdings nicht fertig. Das große »Rheinische Wörterbuch« bietet an: a) »jedes Handwerk will erlernt werden«, b) »nicht viele verstehen es, reich zu werden« und c)

»man weiss nicht, mit welchen Mitteln der sein Geld verdient« – ein weites Spektrum.

Holzschuhe sind im Platt des Niederrheins *Klompe(n)*, in der regionalen Umgangssprache können daraus dann *Klumpen* werden:
Musse ma kucken, der zieht im Garten immer noch Klumpen an. Nach demselben *o-u*-Wechselmodell wird aus mundartlich *Kont* umgangssprachlich *Kunt* (Gesäß).

Ek träj dech so inne Kont ist im Dialekt eine veritable Drohung. Eine solche Äußerung ist, mit *Kunt* als Zielangabe, in der regionalen Umgangssprache durchaus nicht unbekannt: …, und zur Not auch mit *Klumpen*!

Vor Gutheit nix wert

In dem Kriminalroman »Totenacker« beschreibt eine der Figuren die Mutter eines Mordopfers so: »[...] und seine Frau, die Maria, war, wie man am Niederrhein sagt, ›vor Gutheit nix wert‹, bescheiden, immer freundlich zu uns.« Gutmütig, arglos, großherzig, hilfsbereit – das sind Eigenschaften eines Menschen, der *vor Gutheit nix wert* ist. Achtung oder Respekt schwingen bei dieser Formulierung wohl nur rudimentär mit, eher schon Mitleid oder gar Geringschätzung.

    Geschrieben wurde das Buch von Leenders/Bay/Leenders, Erscheinungsjahr war 2011. Die Bücher des Trios werden als »Niederrheinkrimis« geschätzt, nicht nur, weil sie in Kleve und Umgebung spielen, sondern auch, weil so viele regionale O-Töne darin zu finden sind. Am lautesten und knackigsten ist die niederrheinische Umgangssprache bei Kommissar Jupp Ackermann zu hören, der aus

Kranenburg stammt. Wenn er eine kleine Fahrradtour macht, heißt das: »*Ich dreh grad 'ne Runde mit de Fiets.*« Seine Begründung dafür lautet, er brauche »*'n bisken Wind um die Nase*«.

Ackermann gehört zwar selbst nicht zum Typus *vor Gutheit nix wert*, wird aber wegen seiner saloppen Regionalsprache oft unterschätzt. Dabei besitzt er das große Latinum! Was einmal mehr beweist, dass das Niederrheinische kein Defizit, sondern eine Zusatzqualifikation ist; ein *bisken* wäre im Lateinischen *paul(l)um*, aber *Fiets*? Jupp Ackermann könnte uns höchstwahrscheinlich eine lateinische Übersetzung liefern, eine, die weder *quiescht* noch *eiert* – man würde ihn gern fragen.

Zweimal Kirmes im Jahr

Mancherorts gibt (oder gab) es tatsächlich zwei *Kirmessen* pro Jahr. *Kirmessen*? Haben Sie die Mehrzahlform überhaupt schon mal gehört? Vor nicht allzu langer Zeit benutzte ein Radiomoderator die Pluralform *Kirmesse*. Da bin ich aber zusammengezuckt: Sollte das richtig sein? Mein Sprachgefühl sagte etwas anderes, es ließ *-en* erwarten.

Die niederrheinische Kirmes wird in anderen Gegenden *Jahrmarkt* oder *Rummel* genannt, in Hamburg *Dom*. In *Kirmes* stecken *Kirche* und *Messe*, womit auch das *-en* von *Kirmessen* erklärt sein dürfte: Es ist die Mehrzahlendung von *Messen*. *Kirchweih* oder *Kirchweihfest* sagt man wieder anderswo, in der Pfalz hat sich aus *Kirchweih* die *Kerwe* entwickelt. Wenn Sie jetzt auf die Mehrzahl *Kerwen* tippen, liegen Sie richtig. Schließlich spricht man ja auch von zwei *Kirchweihen*.

Eine Kirmes ohne *Selbstfahrer* ist irgendwie mickrig. Auf richtig großen Kirmesveranstaltungen wird es sogar mehrere *Selbstfahrer* (Plural) geben – wobei nur Menschen vom Niederrhein nun wissen, was gemeint ist: Im Hochdeutschen ist das ein *Autoscooter*, und dieses Wort wird anderswo auf Jahrmärkten und Kirchweihen auch ganz selbstverständlich verwendet. Haben Sie sich übrigens schon einmal gefragt, warum diese Kirmesattraktion am Niederrhein *Selbst-Fahrer* heißt?

Die ham mich gedöppt

Manchmal – wenn vielleicht auch nicht sehr oft – ist die Groß- und Kleinschreibung im Deutschen doch zu etwas nütze, etwa bei *döppen*. So lassen sich die *Döppen* (Augen) vom Tätigkeitswort *döppen* unterscheiden. Aber von welchem *döppen*? Es gibt ja zwei: In dem einen Fall werden Erbsen oder Bohnen *gedöppt*, im zweiten Fall sind Menschen die Betroffenen, die im Schwimmbad von ihren Kumpeln oder Freundinnen untergetaucht werden.

Die ham mich gedöppt – dabei handelt es sich natürlich nicht um die letzten Worte einer niederrheinischen Erbse während des Enthülsungsprozesses, sondern um den entrüsteten Ausruf eines Kindes, das zu viel Wasser hat schlucken müssen und *not amused* ist. Hoffentlich hat er oder sie wenn schon nicht den Mund, so doch wenigstens die Augen unter Wasser geschlossen! Denn die Aufforderung *Mach die*

Döppen auf! ist bei dieser Art des Tollens im Wasserbecken auf jeden Fall fehl am Platz.
Döppen ist die Mehrzahl von *Dopp* (*der Dopp*), der vielerlei Rundes bezeichnen kann. Früher nannte man so auch den Spielkreisel, bei dem es sich, wurde er mit einer Peitsche angetrieben, um einen *Pitschendopp* handelte. Neben dem *Dopp* existiert aber auch *dat Döppen*, ein Wort, dem im Hochdeutschen der *Topf* entspricht. Bekommt ein Mensch *du Döppen* zu hören, wird – wie sich auch Zugezogene am Niederrhein denken können – kein Ehrentitel verliehen; als Übersetzung böte sich vielmehr das bayerische *du Depp* an.

Homeschooling für I-Dötzchen

Vor einigen Jahren hätte niemand etwas mit dieser Überschrift anfangen können: *Homeschooling für I-Dötzchen* – in dieser Wendung steckt hochkonzentriert eine Menge Geschichte und Sprachgeschichte. Was Homeschooling ist, haben wir in der Coronapandemie gelernt. Altbekannt ist dagegen das *I-Dötzchen*, noch niederrheinischer: *I-Dötzken*, entstanden aus *Dotz* (kleines Kind), ergänzt um das *I-*, das die Schulneulinge früher einmal als ersten Buchstaben beim Schreiben gelernt haben sollen. Die Kombination von *Homeschooling* und *I-Dötzchen* verknüpft das Regionale mit dem Globalen!

    Vielleicht kennen Sie ja noch andere *I-*Wörter aus der Region: *I-Männekes* oder *I-Männchen* sind recht bekannt, aber wie wäre es mit *I-Kröttekes* oder *I-Stippkes*? Vielleicht noch *I-Möppkes*? Anderswo in Deutschland sagt man etwa *I-Pümmel* (zum Beispiel in Paderborn) oder *I-Möpschen* (in Hessen).

Im Rahmen einer Fragebogenerhebung bin ich seinerzeit von jungen Leuten auf die Bezeichnung *Homies* aufmerksam gemacht worden, die soll für »Hausaufgaben« stehen. Früher hießen die Aufgaben *für nach de Schule* übrigens meistens *Schularbeiten*, sprich: *Schullabeiten*. Diese Bezeichnung verwenden heute allerdings eher die älteren Semester, also die, die die Schulzeit schon länger hinter sich haben. »Dat Portal« im Internet zeigt zwei entsprechende Wortkarten. Eine Kurzform von *Schullabeiten* lautete *Schulla*. Wenn sich die Kinder am Nachmittag auf dem Bolzplatz trafen, lautete die erste Frage: *Hasse Schulla schon gemacht?*

Dat musse gleich ma duden

Haben Sie heute schon etwas *gegoogelt*, also mit *Google* (oder mit einer anderen Suchmaschine) im Internet gesucht? Und wann sind Sie zum letzten Mal *geröntgt* worden? Was die Tätigkeitswörter *googeln* und *röntgen* verbindet: In beiden Fällen liegt ein Name zugrunde (*Google*; Wilhelm Conrad *Röntgen*), aus dem dann ein Verb entstanden ist.

Was wäre, wenn...? Diese Frage ist eigentlich fast genauso interessant wie die nach der tatsächlichen Geschichte. Was wäre also, wenn zum Familiennamen von Konrad *Duden* das Tätigkeitswort *duden* gebildet worden wäre? Dann gäbe es heute Sätze wie *Dat habbich schon gedudet*. Oder: *Wat dat heißt? Kannze duden!* – Etwas *duden* würde dann meinen: »etwas im Duden (oder in einem anderen Wörterbuch) nachschlagen« – was heutzutage natürlich auch digital möglich ist.

Die Familie Konrad Dudens stammte bekanntlich aus Wesel. Sein Familienname macht neugierig, es könnte ein alter Vorname darin stecken: entweder *Duda* (weiblich) oder *Dudo* (männlich). Doch zurück zu »Was wäre wenn«. Das vom Namen abgeleitete Verb *duden* hätte vielleicht auch eine ganz andere Bedeutung bekommen können, nämlich »etwas ins Wörterbuch / in den Wortschatz aufnehmen«. Nun werden viele Wörter, die im Niederrheinischen heimisch und in örtlichen Dialektlexika gebucht sind, im Duden-Wörterbuch nicht *gedudet*, denken Sie an *Bongert* oder *Hickeschlick. Is abber gar nich schlimm*, im Gegenteil – wir *duden* selbst!

Höcksken und Stöcksken

Wenn jemand *vom Hölzchen aufs Stöckchen* kommt, dann schweift er vom Thema ab, und er verliert sich vielleicht im Gestrüpp der Nebensächlichkeiten. Im Niederrheinischen kommen er oder sie dann *von Hölzken auf Stöcksken* oder auch *vom Höcksken auwet Stöcksken*. Dabei hat sich das ehemalige *Hölzken* assimiliert: *Höcksken* und *Stöcksken* reimen sich, auch wenn man vielleicht gar nicht zu sagen weiß, was denn ein *Höcksken* ist.

    Im Dialekt von Rees sind noch mehr Varianten bekannt. So kommt hier jemand entweder *van et Höltje op et Stöckske* oder *van et Häckske op et Täckske*. Dabei wäre *Täckske* mit »Zweiglein« zu übersetzen und *Häckske* vielleicht mit »kleine Hacke«. Dieses *Häckske* ist aber möglicherweise nur ein ehemaliges *Höckske*, das sich beim Vokal dem *Täckske* angeglichen hat. In einer dritten Version heißt es im Reeser Platt schließlich *van den Hack op den Tack*, sodass von dem – wie anzunehmen ist: ursprünglichen – *Hölzchen* und *Stöckchen* nicht mehr viel übriggeblieben ist.

Zum *Höcksken*: In Twisteden hat diese Wendung einen besonderen Beigeschmack, da von alters her die Einwohnerschaft dieses Dorfes *Höckskes* genannt wird: *Twester Höckskes*. Ob anderswo in einem Ortsnecknamen auch die *Stöckskes* auftreten dürfen? Für mich klingt die *Höckskes-Stöckskes*-Wendung übrigens gar nicht ausschließlich negativ, also nach abschweifender Erzählstrategie, denn: Wer so erzählen kann, dem fällt immer wieder was ein. Und wenn es interessant ist, darf es ruhig ein *Höcksken* oder ein *Stöcksken* mehr sein.

Das Geheimnis der Tassen

Am Niederrhein wird gern einmal gesagt, dieser oder jene *hat se doch nich mehr alle*. Damit sind ja für gewöhnlich die *Tassen* im Schrank gemeint. Aber wie ist es eigentlich zu erklären, dass sich in diesem Fall gerade die *Tassen* aus dem Staub (beziehungsweise aus dem Schrank) machen? Wenn jemandem nun eine *Schüssel* oder ein *Teller* fehlt, was sagt das über seine geistige Verfasstheit?

Die *Schüssel* kommt an ähnlicher Stelle allerdings ebenfalls ins Spiel, dann nämlich, wenn der Eindruck entsteht, dieser oder jene habe *en Sprung in der Schüssel*. Wer mit dieser Äußerung bedacht wird, kann eigentlich ebenso gut auf die eine oder andere *Tasse* im Schrank verzichten.

Zum Glück kehren die fehlenden *Tassen* manchmal im Tagesverlauf wieder zurück. Abends, wenn sich gesellige Runden formieren, ist der alte Trinkspruch *Hoch die Tassen!* in unterschiedlichen Lautstärken und divergierenden Tonhöhen zu hören. In Händen halten die Prostenden dann Gefäße des weiten Spektrums zwischen *Pinneken* und Weißbierbehälter.

    Wer weiß, vielleicht wird ja zu später Stunde manchmal sogar *Hoch die Schüsseln!* gerufen, ein Zeichen dafür, dass die Runde wohl besser auf die letzten *Tässchen* verzichtet hätte. Vielleicht könnte man sogar sagen: Wer am Abend zuvor die *Tassen* zu oft gefüllt hat, sucht sie am Tag danach vergeblich im Schrank. Doch bevor Sie mich nun als linguistische Spaßbremse betrachten: *Prösterchen!* Oder in niederrheinischer Verniedlichung: *Prösterken!*

Von Plätzchen und Teilchen

Brötchen sind ja eigentlich kleine *Brote*, so wie *Plätzchen* auch die possierlichen Varianten der *Plätze* sind. In manchen niederrheinischen Bäckereien gibt es ja noch den *Platz*, Mehrzahl *Plätze*, zu kaufen. Was damit genau gemeint ist, kann zwischenörtlich variieren. Ein *Zuckerplatz* ist jedenfalls ein sehr dünner Weizenfladen, bestreut mit dicken Zuckerkörnern – den wird man jedoch auch nicht überall kennen (anders als etwa *Zuckerplätzchen*).

Zu welchem Grundwort aber gehört das *Teilchen*? Wohlgemerkt das in der Bäckerei zu kaufende, nicht das im Physikunterricht zu besprechende. Ein Backwerk namens *Teil* fehlt wohl, und damit gehört das *Teilchen* in dieselbe Gruppe wie das *Eichhörnchen* oder das *Kaninchen*. Ein *Eichhorn* oder ein *Kanin* kennen wir nicht. Allerdings hoppelt *dat Kninn* oder *Knien* auf Platt einsilbig über die niederrheinischen Stoppelfelder, im Niederländischen ist es ein *konijn*.

Für gewöhnlich sind *Teilchen* signifikant größer als *Plätzchen*, falls nicht, sollte man auf jeden Fall reklamieren. Stellen Sie sich einmal vor, eine Rosinenschnecke oder ein Bienenstich hätten die Größe eines Kekses! Apropos *Keks*: Das Wort ist heute immer häufiger statt *Plätzchen* zu hören, während vor einigen Jahren *Kekse* nur aus der Fabrik kamen.

Noch etwas: Kennen Sie den Unterschied zwischen einem *Mandelhörnchen* und einem *Tenorhörnchen*? Falls nicht, besuchen Sie doch bitte das nächste Konzert Ihres örtlichen Blasorchesters: *Tenorhörnchen* gibt es gar nicht, selbst das *Waldhorn* ist größer als eine prallgefüllte Tüte *Mandelhörnchen*.

Dat Plümmo vonne gönne Kant

Es gibt ja zwei Niederrheine – den unteren und den übrigen. Die Menschen am unteren N. glauben oft, dies sei der wahre N., die Orte weiter südlich gehören für sie schon mehr zum Rheinland. Da ist vielleicht auch was dran. Eine völlig andere Teilung des Niederrheins setzt beim Rhein selbst an: Dann spricht man vom linken und vom rechten N. Verbunden sind beide durch die Rheinbrücken und durch Pendelbötchen wie im Fall von »*Keer Tröch II*« zwischen Bislich und Xanten.

Wenn es Herbst ist, werden im Linksrheinischen wieder die *Plümmos* rausgeholt, östlich des Rheins decken sich die Menschen eher mit einem *Oberbett* zu. Nun ja, *dat Plümmo* ist dort auch nicht vollkommen unbekannt, aber: Es wird rechtsrheinisch weniger oft verwendet, wie eine *Plümmo*-Landkarte im Sprachatlas »dat & wat« zeigt, der ein Fragebogen des

Landschaftsverbands Rheinland vorausging. Dass *Plümmo* auf das französische *plumeau* zurückgeht, liegt auf der Hand; aber Vorsicht: In Frankreich versteht man heute darunter eher einen »Federwisch«, als Bettdecke ist der nicht geeignet.

Die *gönne Kant* – so nennt man im Dialekt die »jenseitige Seite«, für die Menschen in Rheinnähe ist es das andere Ufer. Dazumal, als es noch keine Brücken über den Rhein gab und als man auch noch nicht *ma ebbkes* für zwei Euro übersetzen konnte, war die *gönne Kant* fast so weit entfernt wie Münster oder Köln: ein echtes Jenseits. Das mag zumindest teilweise erklären, warum es auch für manche Wörter schwer war, das andere Ufer zu erreichen.

Nahmd, Frau van Nahmen

Morgen! und *Tach!* sind zwei quadratisch-praktische Kurzgrüße am Niederrhein; mit *Nahmd!* und *Nacht!* ist das regionale Set komplett. Bei Bedarf wird mit *zusammen* verlängert: *Tach zusammen* war beispielsweise ein sprachliches Markenzeichen von Hanns Dieter Hüsch. Unter den kurzen Grüßen ist *Nahmd!* aus linguistischer Sicht am interessantesten. Die Formel integriert das *n* von *GuteN Abend!*, fasst die Lautfolge *ben* zum einfachen Doppellippenlaut *m* zusammen und reduziert das Ganze durch diesen Trick auf nur anderthalb Silben.

 Und *van Nahmen*? Zugegeben, nicht überall am Niederrhein sind Nachbarinnen dieses Namens zu finden. Häufiger sind zweifellos Siedlungskonstellationen, bei denen eine Frau *van Bebber* (= von Bedburg) zur Rechten und ein Herr *Janßen* zur Linken wohnen. Im konkreten Fall kommt die belgische Stadt *Namur* ins

Spiel, deren Name auf Niederländisch *Namen* lautet, womit *van Nahmen* erklärt wäre, nur dass sich da noch ein deutsches *h* (wie in *Rahmen*) eingeschmuggelt hat.

    Den denkbaren Gruß *Mittach!* hat die niederrheinische Sprachgemeinschaft wohl nicht entwickelt, im Dialekt existiert immerhin *Guje Meddag!* Als Ersatzgruß ist im Kollegenkreis *Mahlzeit!* beliebt (oft mit gaaanz langem *a*). In Krefeld hat man sich noch etwas Besonderes einfallen lassen: Dort kann zu jeder Tageszeit mit *Darestied!* gegrüßt werden, rund um die Uhr, sodass wir es hier mit einem echten Allrounder unter den Grußformeln Deutschlands zu tun haben!

Die Rübe als Kürbis

Nein, ich möchte hier nicht aus einer Anti-Halloween-Haltung heraus den Vorschlag machen, im nächsten Jahr eine *Rübe* anstelle eines *Kürbisses* vor die Haustür zu stellen. Obwohl: Vor siebzig Jahren noch höhlten Kinder ja tatsächlich Rüben aus und stellten eine Kerze rein, um sie dann im Martinszug durch den Ort zu tragen. Vielmehr geht es um niederrheinische Bezeichnungen des menschlichen Kopfes, zu denen neben *Kopp* ja sowohl *Kürbis* als auch *Rübe* gehören. *Du kriss gleich en paar vor den Kürbis* ist eine unmissverständliche Drohung, in der *Kürbis* ohne Substanzverlust durch *Rübe* ersetzbar ist. Oder durch *Kappes* oder *Birne*, eine bestimmte Kopfform muss dafür nicht gegeben sein. Aus Kindertagen in Winnekendonk ist mir *Pirks*, »Pfirsich«, in derselben Verwendung noch bestens in Erinnerung. Das wären also die Früchte des Feldes und des Gartens.

Am anderen Ende der zur Verfügung stehenden Bezeichnungsskala steht das *Haupt*; es kommt aber, *wenn behaupt*, dann höchstens des Sonntags in Kirchenliedern vor. Aus dem nicht dem Pflanzenreich entstammenden Wortschatz des Niederrheins bietet sich ferner der *Däz* an, aber wie schreibt man den eigentlich? Fest steht wohl, dass *Däz* dem Französischen zu verdanken ist (*tête* = Kopf). Der nächste Kandidat ist der *Dassel*: *Ich habb mir den Dassel gestoßen, frag nich nach Sonnenschein!* In vielen Situationen lassen sich *Däz* und *Dassel*, und das ist doch die Haupt-Sache, problemlos im Wechsel mit *Kürbis* und *Rübe* verwenden.

Stillekes rieselt der Schnee

Hier sei einmal ein niederrheinisches Wort vorgestellt, das es wohl nicht mehr gibt: *stillekes*. Es könnte der Gegenpart zu *mucksmäuschenstill* (oder regionaler: *mucksmäuskesstill*) sein. *Mucksmäuschenstill* wird es, wenn das Gerede, das Gezwitscher, das Getöse auf einmal aufhört: Wenn wir die Luft anhalten, damit wir etwas hören können. Oder wenn wir still sind, weil wir zu parieren haben.

    Dieses *mucksmäuschenstill* lautet im niederrheinischen Dialekt *müskesstell*, manchmal auch *mucksmüskesstell*. Dem steht auf Platt *stellekes* gegenüber, ebenfalls eine Steigerung von *stell* (also: still), aber mit einer ganz anderen Stimmung. *Stellekes* ist es, wenn wir andächtig werden, friedlich, wenn es weihnachtlich wird. Dann ruht der See *still*, der Schnee rieselt *leise* oder, so könnten wir am Niederrhein sagen: *stillekes*.

Aber leider, leider hat die niederrheinische Sprachgemeinschaft dieses stimmungsvolle Wörtchen übersehen, als sie seinerzeit vor der Frage stand, was sie denn beim Umzug vom »Dialektweg« auf die »Straße der regionalen Umgangssprache« alles einpacken wollte. *Dat* und *wat* wurden natürlich als erstes verstaut, dann kamen *Höcksken* und *Stöcksken* an die Reihe und vieles andere mehr. Für *stillekes* wäre eigentlich noch ein Plätzchen frei gewesen, doch es hat nicht sollen sein: Der dafür vorgesehene Umzugskarton blieb leer. Das muss doch einmal mit einer kleinen Träne im Knopfloch angemerkt werden. *Schnief.*

Der Pannas am Christbaum

Vielleicht ist es Ihnen ja ebenfalls schon aufgefallen: Immer öfter ist von einer ominösen »roten Linie« die Rede. Wenn die überschritten wird, dann ... Ja, was dann? Auf diplomatischem Parkett heißt es in einem solchen Fall oft, das in Rede Stehende sei »inakzeptabel«. Aber was dann? Dann ist, so wird im Ruhrgebiet ganz und gar undiplomatisch gesagt, *Pannas am Schwenkmast*! Was ein *Schwenkmast* ist, wird aber kaum jemand wissen. *Pannas* ist aus *Pannhas* beziehungsweise *Pannharst* entstanden, es war also kein *Hase* im Spiel. *Pann* ist die Pfanne und *Harst* eine alte Bezeichnung für bestimmte, aus gebratenem Fleisch bestehende Speisen. Früher, als es noch Hausschlachtungen gab, gehörte der *Pannas* in der Pfanne einfach dazu. Also: Wenn er am *Schwenkmast* hängt, dann platzt jemandem der Kragen, dann ist *Ende mit lustig* und es wird *zappenduster*.

Nun hat irgendein Scherzkeks, vielleicht am Niederrhein, den *Pannas* klammheimlich vom *Schwenkmast* abgebunden und bedeutungsgleich in den *Christbaum* gehängt: *Gleich is Pannas am Christbaum!* Diese verbale Ankündigung ist übrigens ganzjährig einsetzbar, auch im Hochsommer. Man braucht sich nur einen geschmückten Weihnachtsbaum vorzustellen, das ist sogar leichter, als einen Schwenkmast zu imaginieren. Und statt der glitzernden Kugeln ein paar Portionen *Pannas*, hübsch gleichmäßig verteilt. Vegetariern und Veganerinnen ist der Gebrauch dieser mitunter hilfreichen Wendung ausdrücklich gestattet, *wär ja noch schöner*.

Aus dem Leben eines Tannenbaums

Wenn der Baum, den Sie vielleicht als Nordmanntanne oder als Douglasfichte gekauft oder auf anderem Wege besorgt haben, festlich geschmückt (also ohne den *Pannas*) in Ihrem Wohnzimmer steht – wie nennen Sie ihn dann: *Christbaum*, *Tannenbaum* oder *Weihnachtsbaum*? Machen Sie einen Unterschied? Vielleicht den, dass der *Tannenbaum*, sobald die *Christbaumkugeln* angebracht sind, zum *Weihnachtsbaum* wird? *Tannenbaumkugeln* sagt man doch eher selten, *Tannenbaumschmuck* ebenfalls. Der *Tannenbaum* scheint demnach ein eher nacktes Geschöpf des Waldes zu sein, das, sobald es mit Lametta oder Engelshaar in Berührung kommt, mutiert. Im Dialekt ist er ein *Dennenboom*, der *Kerstmes* (Weihnachten) zum *Kersboom* wird.

    Das erklärt auch, warum der *Pannas* in besagter Wendung nicht am *Tannenbaum* hängt.

Und der *Weihnachtsbaum* kommt als *Pannas*-Halter nicht in Betracht, weil er eine Silbe zu viel besitzt. Denn ursprünglich hing der *Pannas* ja *am Schwenkmast* und wanderte von dort zum ebenfalls zweisilbigen *Christbaum* – im Fußball nennt man so etwas eine positionsneutrale Einwechslung.

Am Ende der Weihnachtszeit wird der *Christbaum*, seines Schmucks beraubt, wieder zum *Tannenbaum*, der seinerseits dann ein Fall für die Müllabfuhr ist. Kugeln und Engelshaar werden aufbewahrt für den Baum im nächsten Jahr.

Prost, prosit und prösterchen!

Prost Mahlzeit und *Prost Neujahr*: Sehr viel unterschiedlicher könnten zwei Formeln nicht sein. Die erste drückt Enttäuschung oder Ärger aus (*Na dann: Prost Mahlzeit!*), in die andere kleiden wir unsere besten Wünsche: Das neue Jahr möge Gesundheit und viel Gutes bringen, in altdeutscher Diktion: *Zum Wohle!* Entstanden ist *prost* aus lateinisch *prosit* (es möge nutzen), später wurde das possierliche *prösterchen* hinzugedrechselt.

    Am Niederrhein konkurrieren *Prosit Neujahr* (zweimal hinten betont) mit *Prost Neujahr* (Betonung in der Mitte), letzteres passt zum Dialekt: *Prost Nejjohr.* Dasselbe Betonungsmuster zeigt sich im postmodernen *Froh's Neues!*

    Wer nach dem Jahreswechsel als erster oder als erste *Prost Neujahr* wünscht, hat *gewonnen*. Am Niederrhein war es einmal sehr beliebt, Kinder gewinnen zu lassen und ihnen dann auch noch ein kleines Geschenk zu machen. Früher wurden am Neujahrstag auch gern *Neujährchen* serviert, auf Platt *Nejjöhrkes*: Gebackenes verschiedener Art, etwa Brezeln oder Krapfen. Niederrheinische Spezialitäten dieser Art heißen mancherorts *Bollebäuskes* oder *Ballebäuskes* und anderswo wieder ganz anders.

»Es gibt nichts Gutes, außer: Man tut es.« Das stammt von Erich Kästner und passt zu jedem Tag im Jahr, ganz besonders aber zu dessen Anfang und unseren guten Vorsätzen: *Lassen Sie uns wat dadraus machen!*

Jetz ma Butter bei die Fische!

Eine unmissverständliche Aufforderung: *Jetz ma Butter bei die Fische!* Das Gegenüber soll (endlich) zur Sache kommen oder sich (unzweideutig) erklären. Dieses *bei* wurde bis vor nicht allzu langer Zeit am Niederrhein auch für Richtungsangaben gern verwendet: *Komma bei Tante Maria!*

    Es ist oft zu lesen, die Wendung *Butter bei die Fische* stamme ursprünglich aus Norddeutschland – könnte ja auch sein. Aber in den Niederlanden ist *boter bij de vis* ebenfalls bestens bekannt. Am Niederrhein sowieso, hier sangen die Kinder früher: *Helder op den Telder, Botter bej de Fis, Kaatje, maak de Döör es loss, en kickt es, wänn* (wer) *dor es.* Katharina sollte also die Tür öffnen und nachsehen, wer da ist. Aber was haben »Heller« und »Teller« damit zu tun? Wer dieses Dialektliedchen einmal hören möchte, findet es im Internet unter www.liederenbank.nl. Gesungen wird es dort von einer älteren Niederländerin aus der Nähe von Cuijk, also nicht weit von Kleve entfernt. So klang unser Platt auch einmal!

    Der Liedtext stammt aus der Zeit, als die Margarine noch nicht erfunden war, als es den Gegensatz von *guter Butter* und *Butter* (= Margarine) noch nicht gab. Inzwischen ist die Zeit der *guten Butter* schon wieder abgelaufen, doch zurück zum Fisch. Wer keinen mag, wird sich stattdessen vielleicht ein *Botteram* schmieren, beim kleinen Appetit ein *Bütterken*. Alle Butterbrot-Vokabeln stehen selbstverständlich auch Menschen zur Verfügung, die ihre Schnitten konsequent mit Margarine bestreichen.

Der Butter, die Butter, dat Bütterken

Lassen Sie uns noch einmal auf den Brotaufstrich zu sprechen kommen, der vor fünfzig Jahren noch *gute Butter* genannt wurde: *Die* Butter (oder *die* gute Butter) sagt man am Niederrhein; in anderen Teilen Deutschlands, etwa in Baden-Württemberg, ist sie aber als *der* Butter bekannt. Wortgeschlechter können differieren: Man hat *die Papp* auf oder aber *den Papp*, wenn man die Nase voll hat und bedient ist. Auch im Falle von *Fitz* (oder *Fiets*), dem niederrheinischen Nationalfahrzeug, ist grammatische Monotonie (noch) nicht erreicht, heißt es doch sowohl *die* als auch *der* Fitz. Bei dieser Entlehnung aus dem Niederländischen standen beide grammatischen Tore offen, da die Ausgangsform *de fiets* lautet; nur die Option *dat* bot sich also nicht an.

Wenn *dat Bütterken* ins Spiel kommt, ist nicht mehr der Aufstrich, sondern das Butterbrot selbst gemeint. Jedes *-ken* ist sächlich: *dat Äuteken, dat Blümken, dat Bäumken*. Richtung Ruhrgebiet ist auch *dat Butter* zu hören, ebenfalls eine Bezeichnung für die belegten Brotschnitten, wobei dieses *Butter* eine Kurzform von *Butterbrot* sein wird. Die Region hat allerdings noch viel mehr zu bieten: *Butteram* ist eine alte Butterbrotbezeichnung, verwandt mit dem niederländischen *boterham*. Dann gibt es auch die *Dubbel*. *Knifte* ist hier gleichfalls zu hören, eine von auswärts übernommene Vokabel. Überhaupt hat der Niederrhein einen enormen Wortappetit: So wurde auch die *Stulle* längst auf den Speisezettel übernommen. Berlin, *ick grüße dir!*

Neue Box für alte Schachtel

Vorsicht ist geboten, wenn *alter Wein in neuen Schläuchen* serviert wird: Das Getränk wird schlechter schmecken, als die Verpackung suggeriert. Als Sprecher und Sprecherinnen der deutschen Sprache sind wir mit solchen Fällen allerdings bestens vertraut, jetzt ist die alte *Schachtel* dran.

    Dabei geht es nicht um die abwertende Bezeichnung einer Person weiblichen Geschlechts, sondern um ein »Kästchen«. Darin bewahren wir Fotos oder alte Briefe auf, die Kästchen oder Schachteln haben ihren Platz im Regal oder auf dem Söller. Da dürfen sie auch ruhig bleiben – aber wenn wir neue kaufen, weil sich ja jedes Jahr so viel ansammelt, dann erwerben wir *Boxen*. Zur Disposition steht auch der gute alte *Pappkarton* oder kürzer: der *Karton* (sprich: *Kattong*): *Wo steht der Kattong mit den Dias von Omma?*

Wenn ich es richtig sehe, sind wir gerade mitten im *Boxen*-Übernahmeprozess. Da fällt mir auch das *Kästchen* von Viktoria Winnekendonk ein, in dem früher einmal zum Wochenende hin die Aufstellungen der einzelnen Fußballmannschaften und die Anstoßzeiten ausgehängt wurden. Solche analog aus Holz und Glas bestehenden Aushangkästen wird es wohl bald nur noch im Freilichtmuseum geben, anderenfalls müssten wir sie in Zukunft vielleicht *Böxchen* oder *Böxken* nennen. Aber ein *Böxken* kann natürlich auch ein Lautsprecher sein, der trotz seiner frappierenden Leistungsstärke nur wenig Platz auf dem Sideboard beansprucht.

Von Tuten und Blasen

Sobald *von Tuten und Blasen* die Rede ist, geht es ja darum, dass jemand so gar keine Ahnung hat. Er oder sie kann sozusagen noch nicht einmal einer simplen *Tute* einen einfachen Ton entlocken. Ist *tuten* und *tröten* eigentlich dasselbe? Ein Signalhorn *tutet*, es *trötet* nicht. Früher haben auch die Autos *getutet*, heute *hupen* sie; oft *röhren* sie auch, aber das ist eine andere Geschichte. Ein Trompeter, der beim Vogelschießen zu viel getrunken hat, *trötet*, ein Blasorchester, das in den letzten Wochen zu wenig geprobt hat, möglicherweise ebenfalls, *getutet* wird dann nicht.

In der niederrheinischen Umgangssprache wird jemandem gern der Marsch wahlweise *geblasen* oder *gegeigt*. Nur *violen* tut man wohl nicht mehr, es sei denn, man spricht Platt, da heißt es nämlich schon mal: *Gej könnt min es den Hack viole*, was in der Alltagssprache meistens durch die derbe Version des Götz von Berlichingen ersetzt wird, die ja von Goethe in die Welt hinausposaunt wurde. Auf Halbitalienisch: *Lecko mio!*

Eine *Kindertröte* gehört zu den Geschenken, die man den Kleinen gern auf der Kirmes macht. Allerdings hat sich zu Hause zur Überraschung der Eltern schon mal herausgestellt, dass Kinder sich eben doch sehr gut aufs *Tuten und Blasen* verstehen. Mit welcher Ausdauer und mit welcher Inbrunst sie zu musizieren vermögen! Manche Eltern lernen erst jetzt, warum das *Trommelfell* nach einem Schlaginstrument benannt worden ist. *Viva la musica!*

Der dritte Absacker

Das Tätigkeitswort *sacken* kann man am Niederrhein oft durch *sinken* ersetzen: Wenn die Mauer *sackt, sinkt* sie im Erdboden ein; mit ähnlicher Bedeutung werden auch *einsacken* und *wegsacken* verwendet. Zu einem schönen Urlaub an der Nordsee gehört der Spaziergang am Strand, bei dem die Füße im nassen Sand deutliche Spuren hinterlassen, aber das würde man vielleicht doch noch nicht *einsacken* nennen. *Einsacken* kann man viel besser im *Modder*.

Sacken lassen ist ein anderer bekannter Niederrheinismus: Manchmal ist es eine schwere Mahlzeit, manchmal auch eine schlechte Neuigkeit, die man erst einmal *sacken lassen* muss; hier bieten sich »verdauen« oder »verarbeiten« als Übersetzungen an: *Also, dat muss ich ers ma sacken lassen.* Wurzel all dieser Wörter ist der gute alte *Sack*, der auch im *Absacker* enthalten ist, auf Platt *Affsacker*. Reinhard Mey nannte dieses Getränk »*ein letztes Glas im Steh'n*«, man kann es, stilvoll in einem *Pinneken*, natürlich auch im Sitzen trinken, zumal das Stehen ja manchmal auch schon schwerfällt, wenn der Programmpunkt *Absacker* aufgerufen wird. Und weil man gerade so gemütlich sitzt, genehmigt man sich noch einen zweiten *Absacker* (der definitionsgemäß gar nicht im Plan vorgesehen ist), dann einen dritten ... Für das, was darauf folgt, hat der Niederrhein aber auch wieder das passende Wort parat: *Gestern sin wer ganz schön versackt, wa!*

Ihr seid et selbs in Schuld

Wer hat Schuld? Etwa an einem verlorenen Fußballspiel, an einem Verkehrsunfall, am Ausbruch eines Kriegs? Am Niederrhein streitet man alle Schuld gern mit den Worten ab: *Dat war ich nich in Schuld!* Häufiger ist vielleicht noch der Satz zu hören, mit dem wir uns reinzuwaschen versuchen: *Dat bis du selbs in Schuld.* Schuldfragen sind allgegenwärtig. Denn wer die Schuld trägt, muss für die Folgen aufkommen, und das kann teuer werden. Wer schuld ist, kann sich nicht beschweren und auch keine Wiedergutmachung einfordern. Propaganda dient dazu, die Frage der Schuld zu vernebeln, und Fake News werden dazu eingesetzt, anderen die Schuld in die Schuhe zu schieben.

Man kann *schuld sein* oder *Schuld haben*, am Niederrhein aber eben auch *in Schuld sein*. Bastian Sick, der Besserwissi in Sachen Deutsch, nennt das »eine kuriose Formulierung«.

Im Niederrheinischen können wir sogar noch eins draufsetzen: *Du bis et* (= es) *in Schuld*. Sehr, sehr viel seltener ist dieser Satz als Schuldeingeständnis zu hören: *Ich bin et in Schuld.* Oder auf der politischen Ebene: *Ich trage die Verantwortung für den Ausbruch dieses Kriegs. Ich bin schuld am Tod dieser Menschen.* Nein, nein: *In Schuld* sind immer die anderen. Das wird durch ein eingefügtes *selbs* (oder *selber*) noch unterstrichen: *Dat seid ihr selbs in Schuld!* Da bleibt einem das Lachen im Halse stecken: An dieser Formulierung ist, wenn sie der Rechtfertigung von Unrecht dient, rein gar nichts kurios.

Kein Abtritt auf dem Fußballplatz

Im *Fussball* (am Niederrhein mit kurzem *u*) gehören Wörter wie *Abstoß* und *Freistoß* oder *Abschlag* und *Pressschlag* zum Grundwortschatz. Es wird auf dem Spielfeld auch viel *geschossen*, den erfolgreichen *Torschuss* bejubelt der *Torschütze* oder die *Torschützin*. Ist doch seltsam: Eigentlich wird der Ball ja mit dem Fuß getreten, im Regelwerk des DFB aber bilden *Stöße*, *Schläge* und *Schüsse* die Norm. Vielleicht war es damals ja so: Als der englische *Football* im 19. Jahrhundert nach Deutschland kam und geeignete Wörter gesucht wurden, war der *Abtritt* schon besetzt (nämlich als Bezeichnung des Häuschens mit dem Herzchen); deshalb macht der Torhüter heute keine *Abtritte*, sondern *Abstöße*.

Zum regionalen Sportwortschatz gehört auch *pöhlen*; es könnte aus dem Westfälischen übernommen worden sein und seinerzeit

»stoßen«, »werfen«, »schleudern« bedeutet haben. *Pöhlen* wird ja oft abwertend gebraucht, *dat Gepöhle* bildet den Gegenpol zu fußballerischer Finesse. Heutzutage *zocken* die Ballverliebten auf dem Bolzplatz oder im Stadion. Exklusiv niederrheinisch scheint *fussballen* zu sein, im Dialekt *futtballe*, das schließt an niederländisch *voetballen* (mit *oe* = u) an. *Kommße heute Mittag fussballen?* Mit Sätzen wie diesem sind am Niederrhein viele großgeworden – wobei letztendlich nicht alle von uns über *pöhlen* und *bolzen* hinausgekommen sind. Egal – *Hauptsache, et hat Spass gemacht.*

Der möppernde Knötterpott

Bitten Sie doch einmal Menschen, ob nun in Niedersachsen, Mittelfranken oder Oberhausen, die Semantik von *meckern*, *nörgeln* und *mosern* messerscharf voneinander abzugrenzen – das wird schwer. Nicht anders verhält es sich mit den niederrheinischen Tätigkeitswörtern *knöttern*, *möppern* und *nölen*. Wenn – nennen wir ihn Friedhelm – mal wieder so richtig *knötterig* ist, werden ihn die einen bitten, mit dem ewigen *Möppern* aufzuhören, andere werden sagen, dass ihnen sein *Genöle* schon seit Langem *auf den Zeiger* gehe. Friedhelm (Sie können hier gern einen anderen passenden Namen einfügen) wäre demnach ein richtiger *Knötterpott*. Bevor jetzt jemand möppert: Ja, es kann auch *moppern* heißen. Der *Pott* in *Knötterpott* ist natürlich kein Gefäß, sondern ein Mensch, genauso wie der *Fritze* in *Meckerfritze*. Die *Meckerziege* darf natürlich auch nicht fehlen.

Was *knöttern*, *möppern* und *nölen* gemeinsam haben: Die Tonlage ist eher leise als lautstark, das an den Tag gelegte Verhalten wiederholt sich und neigt zur Verstetigung – und es nervt. Und damit jetzt niemand herummosern muss, weil es ja noch viel mehr Vokabeln dieser Art in der Region gibt, ergänze ich zum Stichwort *knöttern* noch die Personenbezeichnungen *Knötterkunt* und *Knöttersack*: Beide bilden zusammen mit dem *Knötterpott* ein hübsches Trio – wenn die drei es denn miteinander aushalten und sich auf eine gemeinsame Tonlage einigen können, was aber doch eher unwahrscheinlich ist.

Wat man nich im Kopp hat ...

Dank der Schravelner Geschwister Griche und Theodor Gerrits sind wir recht gut informiert, wie der niederrheinische Dialekt vor 100 oder 125 Jahren geklungen hat. Inzwischen sind viele der von ihnen dokumentierten Sprichwörter und Redewendungen verschwunden, aber andere benutzen wir heute noch, zum Beispiel: *Wat me nit in de Kopp hät, mot me in de Been hebbe.* In gegenwärtiger Umgangssprache: *Wat man nich im Kopp hat, muss man inne Beine haben.* Warum sich ausgerechnet diese Sentenz gehalten hat: Wie oft vergessen wir irgendetwas, müssen umkehren und den Weg noch einmal zurücklegen. Was an dieser *Kopp-Beine*-Lebensweisheit meiner Meinung nach allerdings irreführend ist: Das Problem rührt ja oft daher, dass wir den Kopf allzu voll haben, und dann müssen es die unteren Extremitäten wieder ausbaden.

Wenn jemand am Niederrhein *nix inne Mauen hat*, helfen flinke Beine jedoch auch nicht weiter. Die *Mauen* sind eigentlich die »Ärmel«, sie werden aber auch gern mit den Oberarmmuskeln gleichgesetzt. Wer rein bizepsmäßig unterproportioniert ist oder überhaupt keine Kraft hat, der kann, so weiß der Dialekt, *genne Pier van de Röster trecke*, also keinen Wurm vom Bratrost ziehen. Dass diese Wendung, abgesehen vom Wörtchen *Pier*, allerdings nicht ins Umgangssprachliche übernommen wurde, kann einen schon ganz schön wurmen beziehungsweise *pieren*. Die Geschwister Gerrits lebten übrigens von 1865 bis 1938 (Griche) und von 1874 bis 1948 (Theodor).

Einladung zu einer Watwanderung

Wat soll dat denn sein? Vielleicht haben Sie so etwas Ähnliches gedacht, als Sie die Überschrift gelesen haben – und waren damit eigentlich schon mittendrin: in einer *Watwanderung*. Das Wörtchen *wat* ist mit das Niederrheinischste, was die Sprache der Region zu bieten hat; nehmen Sie einen Satz wie: *Dat Auto, wat ich gesehn habb, war mehr oder weniger Schrott.* Oder: *Wat die den lieben langen Tach erzählt, dat kannze inne Feife rauchen.* Oder: *Rat ma, waddet heute gibbt!*

    Dieses *wat* ist ein Geschenk des hiesigen Dialekts an die regionale Alltagssprache, dabei ist es Teil eines Dreierpacks, bestehend aus *wat, dat* und *et*. Vielleicht achten Sie einmal darauf, wie Satzumgebungen klingen, wenn Sie eins dieser drei Wörtchen verwenden: *Wat hasse gesacht? – Wat bisse am lesen? – Wat willze machen?* Die drei Kleinwörter sind echte

»Schlüsselwörter«: Sie öffnen die Tore zur regionalen Sprache. Man könnte sie mit Fug und Recht auch als das »Trio Regionale« des Niederrheins bezeichnen.

Wenn jetzt jemand einwenden würde, *dat* und *wat* gebe es doch überall im Westen und im Norden Deutschlands: *Dat stimmt, abber:* Gerade am Niederrhein bedienen sich die Menschen sehr gern dieser verbalen Zusatzmöglichkeiten, um ihrer Sprache eine regionale Note zu verleihen. *Dat könnten se natürlich auch anderswo, wenn se et wollten, abber hier tun se et besonders oft. – Wat soll ich noch sagen:* Wandern Sie weiter, wandern erhält jung!

Portmonee mit Pott und Monet

Bestimmte Laute stuft die Phonologie als »Plosive« ein, man hätte sie auch »Explosive« taufen können. Das *p* und das *t* gehören zu diesen ultrakurzen Geräuschen, sodass ein Wort wie *Pott* kürzer ist als *Mann*. In der niederrheinischen Geldbörsen-Bezeichnung *Pottmonee* (auch *Pottmanee*) bildet *Pott* die erste Silbe, zugrunde liegt dem Wort französisch *porte-monnaie*. In etymologischen Wörterbüchern des Französischen ist nachzulesen, dass *porte-monnaie* erstmals im Jahr 1856 belegt ist. Wer also glaubte, Napoleon habe das Wort an den Rhein gebracht, hätte sich *fies* vertan.

    Die heute Älteren haben in der Schule gelernt, im Hochdeutschen sei *Portemonnaie* zu schreiben. Dann kam die Rechtschreibreform, und seitdem ist auch *Portmonee* erlaubt. Auf das *r* sei besonders hingewiesen, denn *Port-* kann im Niederrheinischen klingen wie *Mord* oder *Sport*: Also ohne *r*, dafür mit einer Art *a* an dessen Stelle. Weiter südlich im Rheinland sagt man übrigens *Pochtmonee*. Am unteren Rhein ist aber auch *Pottmonee* zu hören mit einem kurzen *o* wie in *Fott* (Gesäß) oder *Pott* (Topf). Bei der Artikulation des zweiten Bestandteils von *Pottmonee* orientiere man sich am Namen des Malers *Klootmonee* (amtlich *Claude Monet*).

Dass man anderswo in Deutschland lieber von einem *Geldbeutel* oder einer *Geldbörse* spricht, braucht die Menschen am Niederrhein nicht zu beschäftigen; das ist, wie man sich hier auszudrücken pflegt, *Pott wie Deckel*.

Von nix kommt nix

Haben Sie heute schon versucht, das Wort *nichtssagend* richtig auszusprechen? Mit den fünf Lauten *n-i-ch-t-s* in der ersten Silbe und einem gut hörbaren zweiten *s* am Beginn der nächsten? Oder *Gewichtszunahme*? Doch bleiben wir beim einfachen *nichts*. Das Wort ist eine Verlängerung der Verneinung *nicht*, die ihrerseits eine Verkürzung des mittelalterlichen Wortes *niowiht* darstellt; *niowiht* bedeutete »nicht irgendein Ding«. Dass wir so gern *nix* statt *nichts* sagen, hat einerseits mit *nex* im Dialekt zu tun. Andererseits damit, dass schon kleine Wörter echte Zungenbrecher sein können. Um die zu umschiffen, geben wir artikulatorischen Vereinfachungen den Vorzug: *fümmenfümzig* und *sexensechzig* sind bekannte Beispiele aus dem Einmaleins. Und außerdem: Bestimmte Scherzfragen funktionieren eben nicht mit *nichts*, denken Sie an: *Sach ma en Satz mit x.*

Nix ist ein Wort der niederrheinischen Alltagssprache, aber man findet es auch immer mal wieder geschrieben – wobei dann eigentlich alternativ die Buchstabenfolgen *nicks* (wie in *Knicks*) oder *nichs* (wie in *Wichse*) infrage kommen würden. Wer in der Schule wie ein Luchs aufgepasst hat, dem sind gerade sicherlich noch *Dachs* und *Fuchs* eingefallen. Aber zurück zur Phonetik und zu *Gewichtszunahme* oder *nichtssagend*: Wenn jemand Sprecher oder Sprecherin beim WDR werden möchte, muss er oder sie deren Aussprache tüchtig üben: Ohne Fleiß kein Preis, oder: *Von nix kommt nix*.

Heute schon geknubbelt?

Deutsch »klingt« in der Schweiz oder in Österreich nicht nur anders als hier, es ist auch anders. Nehmen Sie beispielsweise das Wörtchen *knorzen*, womit die Eidgenossenschaft »geizig sein« meint, es kann auch »sich plagen« bedeuten. Oder *knotzen*, ein umgangssprachliches Wort aus Österreich mit der Bedeutung »(sich) lümmeln«. Beide Vokabeln sind im aktuellen Rechtschreib-Duden zu finden – ebenso wie *sich knubbeln*, dessen Bedeutung mit »sich drängen« angegeben wird. Was aus niederrheinischer Sicht an diesem Wortartikel vielleicht ein wenig chinesisch daherkommen könnte, ist das Anwendungsbeispiel *ich knubb[e]le mich*.

Kann ich das tatsächlich? Wenn der Saal proppenvoll ist, dann *knubbelt et sich dadrin*. Wenn zu viele Leute auf einmal den Supermarkt stürmen, dann *knubbeln se sich spätestens anne Kasse*. Als ich mich gefragt habe, wo ich mich schon einmal *geknubbelt* habe, musste ich an die Badewanne in einer Ferienwohnung denken, die definitiv zu klein war. Da habe ich mich irgendwie *geknauscht* oder *geknubbelt* gefühlt – aber ich habe mich nicht selbst *geknubbelt*, das war die Wanne. Will ich mich dagegen im Freibad *knubbeln*, bin ich wie im Supermarkt auf die Unterstützung zahlreicher Gleichgesinnter angewiesen: *wir knubb[e]len uns*. *Flashmob* (ebenfalls im Duden) nennt sich eine neue Art der *Knubbelei*, die absichtlich herbeigeführt und telekommunikativ organisiert wird; auch sie lebt von der Beteiligung, also bitte nicht *knorzen*, sondern *klotzen*!

Alle waren davon am schwärmen

Von Sätzen wie diesen schwärmt der Linguist. Was aber alle Leute dabei so entzückt hat (eine tolle Abendveranstaltung, ein fantastisches Essen, die Inneneinrichtung eines stylischen Neubaus), interessiert ihn nicht die Bohne, aber dieser Satzbau! Noch ein *bissken* niederrheinischer wäre gewesen: *Da waren alle von ant schwärmen*, aber man kann ja nicht immer alles haben! *Ich bin den Artikel am lesen. – Du wars gerade ant schwimmen. – Alle waren davon am schwärmen*: Die *am*-Verlaufsformen bringen die Dauer und das Andauern des Tuns zum Ausdruck, sie passen aber ebenso zum Nichts-Tun: *Wir sin uns wat am erholen. – Wir sin grade en Päusken am machen*. Ein gern gewählter Satz, wenn rübergebracht werden soll, dass eine Störung nicht erwünscht ist, lautet: *Ich bin grade am nachdenken.*

Neulich erhielt ich die Mail einer niederländischen Kollegin, die einige Tage zuvor in einer sehr gelungenen Veranstaltung aus dem Berufsleben verabschiedet worden war: *Ik ben nog aan het nagenieten* schrieb sie, sie war also *noch am nachgenießen*. Das Wort *nagenieten* haben wir nicht, aber es müsste eigentlich adaptiert werden, vermag es doch den gemeinten Zustand so anschaulich auszudrücken. Vorfreude und *Nachgenuss*, diese zwei Wörter würden einander gut ergänzen. *Ich bin mich schon den ganzen Tach dadrauf am freuen, dat wir heute Abend...* Wer solche Sätze von sich gibt, dem wollen wir wünschen, dass es ihm oder ihr vergönnt sein wird, hinterher noch lange *nachzugenießen*.

Nich mehr ganz dicht

Wer seinen Urlaub an der Nordsee – sagen wir: auf der Insel Borkum – verbracht hat, wird vielleicht das ein oder andere Mal, wenn er in ein Café einkehren wollte, das Schildchen »*dicht*« zu lesen bekommen haben: Das Lokal hatte zu. Dieses kleine Wörtchen *dicht*: Ein Schiff kann *dicht* oder *nicht dicht* sein; im zweiten Fall geht es unter. Am Niederrhein ist ein Mensch, den man als *nich mehr ganz dicht* einstuft, nicht gescheit. Umgekehrt funktioniert das allerdings nicht: Eine Person mit hohem Intelligenzquotienten oder einem bemerkenswert scharfen Urteilsvermögen wird hier nicht als *dicht* oder *ganz dicht* bezeichnet.

    Eine recht widersprüchliche Konstellation von *dicht* und *nich ganz dicht* tritt zutage, wenn jemand zu viel Alkohol konsumiert hat und danach *dicht* oder sogar *hackedicht* ist; dann tut er mitunter Dinge, die ihn oder sie in den Augen anderer Menschen als *nich mehr ganz dicht* erscheinen lassen. *Ja wat denn nun?* Auf Borkum ging es folgendermaßen weiter: Als unser Tourist des Nachmittags sein Glück in besagtem Café (empfohlen wegen seines leckeren Rhabarberkuchens) noch einmal versuchte, sah er schon von Weitem die Gäste auf der Terrasse sitzen. Das Schildchen in der Tür war, wie sich dann aus der Nähe erkennen ließ, umgedreht worden und sagte nun: »*open*«. Am Niederrhein hätte da »*los*« stehen können.

Die Uhr setzen

Bekanntlich kann mensch »etwas« oder »sich« *setzen*. Das Niederrheinische hat für beide Optionen seine Besonderheiten. *Setzt* eine Person sich (auf einen Stuhl, eine Bank …), dann *geht sie sitzen*: *Geh schomma sitzen, ich geh den Kaffee holen.* Und wenn der Niederrheiner oder die Niederrheinerin »etwas« *setzt*? Nun, die Menschen hier *setzen* etwas mehr als die Leute im übrigen Deutschland, die dafür mehr *stellen*. Ein Beispiel: *Da kannze bald die Uhr nach setzen.* Traditionell werden Uhren ja *gestellt*, am Niederrhein aber *gesetzt*.

Auch wenn das Verhältnis von *setzen* und *stellen* insgesamt labil ist (ein Tablett lässt sich beispielsweise *abstellen* oder *absetzen*) – der Niederrheiner *setzt* gern etwas (*ab, um* …), so wird das Auto *umgesetzt*, damit es kein Knöllchen gibt. Und wer fürs Kaffeetrinken deckt, der *setzt* die Tassen und Teller auf den

Tisch. Früher, als der Nikolaus noch die Geschenke brachte, *setzten* die niederrheinischen Kinder am Abend die *Klumpen*: Sie stellten die Holzschuhe auf, und Nikolaus füllte sie, wenn alle im Bett lagen, mit seinen Geschenken. Dieser Brauch wurde inzwischen umgestellt: Heute bringt das Christkind die Gaben, die in der Regel auch nicht mehr in einen *Klumpen* passen würden, es sei denn, das Christkind setzt schon auf Gutscheine. Noch einmal zurück zum *sitzen gehen*: Der Mensch hier *geht* auch *stehen* (er stellt sich). Und wer sich schlafen legt, *geht liegen*.

Sach beim Abschied leise schüsskes

Moin! Dieser norddeutsche Gruß kommt uns inzwischen fließend über die Lippen. Er wird vielleicht etwas komisch geschrieben, ist aber nicht schwer zu sprechen. Grußformeln sind beweglich und leicht austauschbar, denken Sie an *tschau* (*ciao*), das ein hiesiges *tschüss* oder *tschö* positionsgetreu ersetzen kann. Gern sagen wir auch *schüss* und *schö*. Da ist dann kaum noch zu erahnen, dass die Ausgangsgrüße einst *adiós* und *adieu* gelautet haben.

Am Niederrhein wird man *servus* nur selten hören, *schüsskes* aber schon. Mit seiner Verkleinerungssilbe schließt es an *ebbkes* oder *knäppkes* an. Dieses *ebbkes* gehört ja zu *eben* und bedeutet »nur mal eben« oder »ganz kurz«. Bei *schüsskes* geht es um einen anderen Effekt: Der Abschied wird freundlicher, sanfter, leichter, leiser; übrigens funktioniert *schökes* genauso. (Man achte hier aber auf den Vokal, um diesen

Gruß nicht mit *Schühkes* zu verwechseln; dies sind Fußbekleidungen bis Größe 37). Peter Alexanders »... *leise servus*« wäre demnach eine passende Übersetzung der Überschrift ins österreichische (oder bayerische) Deutsch. Grußformeln können erstens mühelos vom Dialekt in die regionale Umgangssprache hüpfen, um dann zweitens von dort mit derselben Leichtigkeit in alle Richtungen weitergereicht zu werden. Denken Sie nur an *ciao* oder *bye bye*.

Im Leben nich!

Klappern gehört zum Handwerk, und die Übertreibung ist unser täglich Brot: *Dat is so sicher wie dat Amen inne Kirche!* Wie gern wird eine Aussage ins Unbezweifelbare, Unumstößliche oder ins Unwiderlegbare gesteigert; seit einigen Jahren nennen wir dies auch *alternativlos*. *Im Leben nich!* lautet eine andere, am Niederrhein gern eingesetzte Formel. Sie baut auf eine Vorläuferwendung im Dialekt auf: *Van se Läwe nit!* Was *im Leben nich* möglich ist, wird niemals geschehen, also *nie im Leben* passieren. Wobei oft undeutlich bleibt, ob nun die Spanne des eigenen Lebens gemeint ist oder ob es um den Zeitraum geht, der dem Homo sapiens auf Erden insgesamt vergönnt ist.

Nie oder *niemals* ersetzen junge Leute heute gern durch *never* – was bedeutungsmäßig zu mindestens einhundertzwanzig Prozent deckungsgleich ist. Aber der Sound ist ein ganz anderer: »Maximilian hört nie mit dem Rauchen auf – *never*!« In älterer Diktion wäre *nie im Leben* zu erwarten. Apropos Leben: *Nur über meine Leiche!* In den meisten Fällen wird diese Bekräftigung nicht wortwörtlich zu nehmen sein, sie signalisiert Ablehnung und Widerstand: *Du kommst hier nich rein; nur über meine Leiche!* Ein einfaches *niemals!* hätte hier vielleicht auch ausgereicht. Optionen, die wohl nicht genutzt werden, wären *im Leben nie* und *nich im Leben*. Habe ich jedenfalls noch nie gehört, *never*! Ach ja, noch niemalsiger als *never!* ist *never ever!* Und das reimt sich auch noch!

Wo bis du denn von?

Wo gehs du denn hin? – Wo brauchs du dat für? Niederrheinische *wo*-Fragen mit Nachklapp. Ich erinnere mich genau, wann ich immer gefragt wurde, *wo* ich denn *von* sei: Das war in jungen Jahren beim Trampen zwischen Kevelaer und Winnekendonk. Personen, die mich nicht oder vielleicht nur vom Sehen kannten, fragten auf diese Weise nach meiner Familienzugehörigkeit. Den Familiennamen zu nennen, genügte dann nicht: Es gab in unserem Dorf zwei Familien dieses Namens. Jugendliche, die ihn trugen, waren entweder *vom Meier* (niederrheinische Bezeichnung für den Geschäftsführer einer Molkerei) oder *von Albert* (Vorname meines Vaters, Elektriker von Beruf). Die Mütter spielten bei dieser Art der Familienaufstellung eine untergeordnete Rolle.

 Eine andere Frage dieses in der Linguistik »diskontinuierlich« genannten Musters lautet:

Wo hasse dat denn von? Hier ist je nach Kontext ganz Unterschiedliches gemeint. Geht es etwa um eine kleine Verletzung, wird gefragt, wie sich die angesprochene Person die Wunde denn zugezogen hat. Dreht sich das Ganze um eine Neuigkeit, zielt die Frage darauf, wer die Quelle derselben ist; die Langfassung lautet: *Wo hasse dat denn von gehört? – Wo von* bedeutet in diesem Fall »von wem«. Viele Menschen in unserem Ort hatten einen *van*-Namen. Deren Kinder hätte man fragen können: *Wat fürn van bis du denn?*

Dat gute alte Schlett is weg

Versuchen Sie doch einmal den Unterschied zwischen einem Tuch und einem Lappen zu definieren. Gar nicht so einfach. Der Niederrhein hatte seinerzeit ein Wort, das mal Tuch und mal Lappen bedeuten konnte: *dat Schlett*. Im Dialekt existiert es immer noch, vor allem in *Schottelschlett*. Wenn man Dialektsprechende nach ihren Lieblingswörtern fragt, steht *Schottelschlett* ganz oft ganz oben auf der Hitliste. Etwas weiter südlich ist es dann der *Schottelplack* in derselben Bedeutung. Gemeint ist das *Spültuch*. Warum gerade zwei Bezeichnungen für diesen etwas unansehnlichen Gegenstand am Niederrhein so beliebt sind, kann Ihnen niemand erklären.

    Mit *Plack* wäre auch schon ein viertes Wort für die Spannbreite von Tuch bis Lappen genannt. Doch zurück zum *Schlett*. Im Dialekt gab es früher einmal *dat Tässeschlett*, also das

Taschentuch, heute ist das auf Platt ein *Tässen-duuk*. Nicht ganz vergessen werden sollte das *Sackduuk*, ebenfalls eine Taschentuchvariante auf Platt. Aber wie *Schottelschlett* oder *Tässeschlett* hat es den Sprung in die regionale Umgangssprache des Niederrheins nicht geschafft. Vom *Sacktuch* liest man vielleicht manchmal noch in süddeutschen Zeitungen, am Niederrhein ist es, ob nun noch in seiner altmodisch-textilen Variante oder in der Schnief-und-weg-Version, das *Taschentuch*. Die Hosentasche heißt ja auch nicht mehr *Hosensack*.

Unegale Socken und zue Türen

Unegal können Socken sein oder Schrauben oder Tassen, wenn sie nicht zusammenpassen. Na und, dann ist es eben kein Service (französisch ausgesprochen). Dieses *un-* in *unegal* ist vielfältig einsetzbar. Eine seiner Bedeutungen lautet »nicht«: *untätig*, *Untiefe* (flache Stelle); es kann auch schlicht der Steigerung dienen: *Unmengen*, *Unmassen*. Und manchmal wissen wir gar nicht, was diese Vorsilbe ausdrücken soll: *Unhold, Ungetüm* – den *Hold* oder das *Getüm* kennen wir ja nicht. *Is mir doch egal* werden Sie jetzt vielleicht sagen, oder sogar *piepegal*. Aber vielleicht ist Ihnen diese Wissenslücke doch *unegal*?

    Das Niederrheinische wartet mit einer Reihe von Wörtern auf, deren grammatischer Radius signifikant erweitert wurde; *ab*: der *appe* Knopf (abgegangen); *an*: die *anne* Lampe (angeschaltet); *zu*: die *zue* Tür (zugemacht);

so auch *unegal*: die *unegalen* Socken. Haben wir morgens Socken aus verschiedenen Paaren erwischt, handelt es sich um *unegale*, bis zum Enkel reichende Fußbekleidungseinzelstücke. (Am Niederrhein hat *Enkel* ja zwei ganz verschiedene Bedeutungen, eine davon lautet »Knöchel«.)

Menschen klagen schon mal gern über *Unverschämtheiten* anderer Leute. Mein Großvater, der aus Schlesien kam, charakterisierte ein solches Verhalten übrigens als *ausverschämt*. Dass wir die *Verschämtheiten* unserer Mitmenschen preisen, kommt dagegen eher selten vor.

Wo liegt Pusemuckel?

Angenommen, Sie wohnen in Dingden oder Schermbeck, wo liegt für Sie dann *Pusemuckel*? Auf der anderen Rheinseite, hinter Geldern, die Gegend an der niederländischen Grenze? Eine Ecke des Niederrheins, in die Sie für gewöhnlich nicht kommen? Und aus Straelener oder Viersener Sicht, wo fängt für Sie *Pusemuckel* an? Vielleicht schon hinter Wesel? *Pusemuckel* heißt übrigens eigentlich *Posemuckel*; das ist ursprünglich wohl der Name zweier Dörfer im heutigen Polen. Aber das nur nebenbei.

Was wir festhalten können: *Pusemuckel*, so wie es am Niederrhein verwendet wird, ist immer anderswo, damit bezeichnen wir eine Gegend des bewohnten Erdkreises, wo sich Fuchs und Hase »Gute Nacht« sagen und wo wir selbst nicht wohnen möchten. Wo die Toten Hosen aus Düsseldorf ihren Namen ausgegraben haben. Schon mitten in der *Pampa*. Großstädte findet man dort nicht, auch keine großen Städte. Nur Kuhdörfer, eins davon heißt *Kleinkleckersdorf*. Die Gegend ist keine Reise wert. Es gibt auch keinen Reiseveranstalter, der *Pusemuckel* in seinem Programm hätte. Es wäre ja auch höchstens ein Tagesausflug, aber da wählt man als Ziel lieber Xanten mit seinem Dom und dem Archäologischen Park. Wer doch einmal nach *Pusemuckel* fahren wollte, für den hält der »Atlas zur deutschen Alltagssprache« im Internet eine genaue Wegbeschreibung parat. Und was liegt hinter *Pusemuckel*? – *Hintertupfingen*. – Und was kommt dann? – *Der A. der Welt*.

Schon widder is en Jährken um

Am Niederrhein kann ja alles Mögliche *um* sein. Wenn ich den Garten *um* habe, bin ich mit dem *Um*-graben fertig. Habe ich einen Schlips *um*, ziert ein Binder meine Brust. Der Eiersalat im Kühlschrank kann *um* sein, dann sollte man ihn umgehend entsorgen und unbedingt von einem Verzehr absehen (übrigens sprechen wir unbedingt auch mit *um* aus: *umbedingt*). Ist eine Person – zum Beispiel nach zu viel Sport – *um*, besteht die Gefahr, dass sie umkippt, also bitte hinsetzen und regenerieren.

    Im Hochdeutschen kommt das kleine *um* in vielen Kontexten vor, manchmal auch ein wenig versteckt, denken Sie an die Welt-*um*-Seglung oder an die Mond-*um*-Laufbahn. Aber lassen Sie uns jetzt ohne weitere Umschweife zur zeitlichen Dimension dieses Wörtchens zurückkehren. Wenn das Wochenende *um* ist, kommt der »Tatort«; ist das Jahr *um*, fängt ein neues an.

Eigentlich müsste es ja heißen: *Das alte Jahr is ab*, von *abgelaufen*. Damit hätten wir auch eine schöne Parallele zum Englischen mit seinem *time is up* (die Zeit ist um).

In einem Silvestergedicht von Annette von Droste-Hülshoff lautet die erste Zeile: *Das Jahr geht um*, gemeint ist: geht vorüber. In den Dialekten des Niederrheins gibt es dieses Tätigkeitswort ebenfalls: *ömgohn*, wörtlich »umgehen«: Wenn die Zeit nicht *umgeht*, dann will sie nicht verstreichen. Doch jedes Jahr am Silvestertag, pünktlich um 24 Uhr, ist sie dann doch verstrichen: 365 Tage sind *umgegangen, dat Jährken is widder um*.

Für kleines Geld

Als ich noch klein war, schenkten mir ältere Leute öfter mal einen *Taler*. So nannten sie in ihrer Kindersprache ein größeres Geldstück, das Wort kannte ich aber schon aus Märchen. Wie klein Münzen sein können, erfuhr ich dann bei Besuchen im Nachbarland: Das putzige 10-Cent-Stück in den Niederlanden wirkte auf mich wie Spielgeld aus dem Kindergarten. Dafür war die 25-Cent-Münze etwas ganz Besonderes und erst recht das Geldstück von zweieinhalb Gulden; das wurde übrigens *Rijksdaalder* (Reichstaler) genannt. Zum deutschen Kleingeld gehörte damals der *Groschen*, dessen Name ja völlig aus der Reihe tanzte.

    2002, bei der Einführung des Euro, lernte ich eine ganz neue Vokabel: *Starterkit*. Kleingeld besteht seitdem aus Cent- und Euro-Münzen. Dadurch ist aber der Satz *Wer den Pfennig nicht ehrt, ist des Talers nicht wert* in jeder Hinsicht veraltet, er muss nun gleich mehrfach erläutert werden. Ob er inhaltlich stimmt (oder jemals gestimmt hat), bleibe offen; immerhin wird ernsthaft über die Abschaffung der untersten Cent-Münzen nachgedacht.

Und dann gibt es neuerdings auch *kleines Geld*. Dies oder jenes, so ist jetzt oft zu hören, *habe ich für kleines Geld bekommen*. Dabei spielt es keine Rolle, ob in bar, per Karte oder online bezahlt wurde. Hauptsache: Es war preiswert (günstig, billig). So lässt sich in distinguierter Form sogar eine Geiz-ist-geil-Haltung verbalisieren: *Kleines Geld* ist in linguistischer Sicht ganz großes Deutsch.

Dat Schwatte unter den Fingernägeln

Auch wer den Garten liebt und jede Minute wühlend unter freiem Himmel zu verbringen trachtet, wird, wenn er auf Handschuhe verzichtet hat, nach getaner Arbeit versuchen, das Schwarze unter den Nägeln wieder loszuwerden, die *Trauerränder* also zu beseitigen, wie solche Spuren ja scherzhaft-spöttisch genannt werden. Niemand möchte am Abend auf der Kegelbahn auf den »Trauerfall« angesprochen werden. Nein, um diese Minibiotope beneiden wir uns im Normalfall selbst nicht.

Was müssen das also für Leute sein, die ihren Mitmenschen *das Schwarze unter den Nägeln nicht gönnen*? Sind es Zeitgenossen, die liebend gern selbst einen Garten hätten? Für die der schmutzige Nagelrand so vielverheißend aussieht wie für andere der Sonnenbrand der Nachbarin nach ihrem Urlaub in Ägypten? Lautet dann aber der Kommentar *Dat gönn ich der!*, bezieht er sich möglicherweise nur auf den Sonnenbrand, nicht aber auf die Urlaubsreise insgesamt.

    Missgünstige Zeitgenossen, so sagte man früher im Dialekt, gönnen dem Anderen weder *das Salz auf der Butter* noch *die Butter auf dem Brot*, ja sie gönnen ihm nicht einmal ein Stück trockenes Brot, auf Platt: *noch gen drög Brot*. Das *Schwarze unter den Fingernägeln* als obskures Objekt der Missgunst aber übertrifft alles. Zu befürchten ist, dass in diesem Fall der philanthropische Hinweis, der Mensch müsse »auch gönnen können«, schon zu spät kommt. Hier ist mutmaßlich Hopfen und Malz verloren.

Halleluja, Herr Kapitän!

Für gläubige Christen und Christinnen ist *halleluja* ein tolles Wort: Ausdruck der Freude und Hoffnung. *Heidewitzka* dürfte bei gläubigen Närrinnen und Narrhallesen ähnliche Gefühle auslösen. Und es stellt sich bei genauerer Betrachtung sogar die Frage, ob hier nicht der biblische Ruf lexikalisch »nachgebaut« wurde: vier Silben, dasselbe Betonungsschema, das *h* am Anfang. Am Schluss dann ein *a*, das wie kein anderer Laut zum Rufen oder Singen einlädt.

Heidewitzka wird übrigens nur deshalb großgeschrieben, weil es immer am Satzanfang steht! Dass es von einem Kölner erfunden wurde (Karl Berbuer) und Schlüsselwort eines Lieds in kölscher Sprache ist, sieht man ihm jedenfalls nicht an. Anders als bei *alaaf*, das klingt ja viel kölscher, nicht nur dann, wenn *Kölle alaaf* geschmettert wird. Außerdem ist die Kölner Herkunft dieser Vokabel gesichert – im

Gegensatz dazu bleibt die Geschichte des niederrheinischen (und rheinland-pfälzischen) *helau* ja leider im Dunkeln; da gibt's die dollsten Herleitungen. Nun muss man aber auch nicht zwingend die Etymologie jedes Wortes, das man in den Mund nimmt, kennen.

Die Geschichte des hebräischen *halleluja* reicht zurück bis in die Zeit des Alten Testaments – und wird immer weiter fortgeschrieben und -gesungen: Denken Sie an Leonard Cohens gleichnamigen, überaus erfolgreichen Song (*Hallelujah*). Nicht vergessen seien Ludwig Thoma und sein bayerischer Engel Aloisius: *Luja sog i.*

Gänseblümkes unterm Appelbäumken

Dass die Gänseblümchen im Dialekt völlig anders heißen können, zeigte sich 2023 wieder, als in Elten und Umgebung eine Fragebogenaktion durchgeführt wurde: Dort sind sie als *Maisöntjes* bekannt. Im Dialekt von Kevelaer tragen besagte Blümchen den Namen *Maisüches*, weiter südlich: *Maisüttsches*. Man lerne: In den Dialekten gibt es, wenn Verkleinerung oder Verniedlichung angesagt ist, mehr als nur *-ken* und *-kes*, die für die niederrheinische Umgangssprache ja so typisch sind. Umgangssprachlich sind es *Gänseblümkes*, dazu passen die *Schuhriemkes* (Schnürsenkel für *Kinderschühkes*), die *Dia-Rähmkes* (inzwischen oft weggeworfen) oder die *Appelbäumkes*.

 Diese kleinen Obstbäume haben es der Dialektforschung angetan. Denn bereits 1876 bat Georg Wenker am Niederrhein darum, den Satz »Unter dem Apfelbäumchen da hinten stehen zwei Bänkchen« ins örtliche Platt zu übersetzen. Die Emmericher Version lautete damals *Onder et appelebömke...*, in Viersen hieß es *Onger dat Appelbömmke...* und in Moers-Kapellen *Onder dat Appelnbäumken stont twee Bänkskes* – das kommt dem umgangssprachlichen *Appelbäumken* unserer Tage schon nahe. Noch etwas: Vielleicht ist Ihnen beim Lesen gerade ein Zitat in den Sinn gekommen: *Wenn ich wüsste, dass morgen die Welt unterginge, würde ich heute noch ein Apfelbäumchen pflanzen*: Zugeschrieben wird es gern Martin Luther – was aber (leider) falsch ist: Es wurde wohl im 20. Jahrhundert erfunden!

Den ganzen Rummel inne Tonne kloppen

Kennen Sie den Unterschied zwischen *Frühjahrs-* und *Frühlingsputz*? Der *Frühjahrsputz* steht im Frühling an, den *Frühlingsputz* gibt es gar nicht. Anders als es das Wort vielleicht suggeriert, wird beim *Frühjahrsputz* nicht nur saubergemacht, sondern auch aufgeräumt. Und was da alles zutage gefördert wird! Wo kommt der ganze Krempel eigentlich her? Wer hat den denn nur angeschleppt? *Krempel* – das Wort – kommt aus Baden-Württemberg, dort sagt man traditionell wohl *Grempel*, und dann wurde ein *Kr-* daraus.

Ein niederrheinisches Wort vergleichbaren Inhalts wäre *Rummel*: *Du kanns den ganzen Rummel inne Tonne kloppen!* Die Etymologie kann in diesem Fall beim *Gerümpel abkucken*: *Gerümpel* geht auf *rumpeln* zurück, erst waren also die Geräusche da, dann der Plunder. Der *Rummel* am Niederrhein hat wohl ebenfalls als

Geräuschkulisse angefangen, um sich dann zum Krimskrams fortzuentwickeln. Wo allzu viel *Rummel* rumliegt, da sieht es *rummelig* aus, also absolut nicht putzig. Apropos *putzig*. Früher nannte man einen Polizisten auch schon mal *Putz*, wenn mich meine Erinnerung nicht trügt. Eine *Putze* war jedoch nicht die Kollegin, mit der er auf Streife ging, sondern eine Reinemachefrau, klang nicht wirklich freundlich, schon gar nicht wertschätzend. Ich glaube, ich könnte meine Wortschatzkammer auch wieder einmal auf Vordermann bringen. Mache ich aber lieber selbst, damit nicht zu viel weggeworfen wird. Und damit ich hinterher auch alles wiederfinde.

Gartenzwerge und Giftzwerge

Über *Gartenzwerge* ist vermutlich alles Notwendige schon gesagt worden, über *Giftzwerge* aber vielleicht noch nicht. *Gift* bedeutet in diesem Zusammenhang ja Wut, unkontrollierte Wut. Neulich, als Zuschauer am Fußballplatz, konnte ich einen *Giftzwerg* am Werk sehen. Es war der Rechtsaußen, dem sein pfeilschneller Gegenspieler immer wieder den Ball stibitzte – fair, ohne Foul! Als sich diese Szene noch einmal wiederholte, kochte besagter Mensch vor Wut. Er säbelte sein Gegenüber um, sodass die Zuschauenden schon glaubten, der Umgehauene habe sich zumindest alle Knochen gebrochen. Die Miene des Giftzwergs hätten Sie sehen müssen: keine Reue, kein Schuldbewusstsein, vielleicht noch am ehesten Genugtuung: Dem hatte er es aber gezeigt!

Giftig nennt man am Niederrhein ja einen Menschen, der richtig wütend ist: *Der is vleicht*

*giftig geworden, der hat sich nich mehr einge-
kricht!* Hier heißt es auch *der* oder *die Gift*
(= Wut). Nun weiß die Psychologie, dass Ärger
und Wut ganz hilfreiche Emotionen sein können. Der *Giftzwerg* aber hat eindeutig zu viel
davon, der löffelt schon zum Frühstück sein
Gift-und-Galle-Müsli. Vielleicht müsste man ihn
besser noch *Frustzwerg* nennen. Auf dem Fuß-
ballfeld hat er jedenfalls nichts zu suchen, er ist
eine Zumutung und eine Gefahr. Für die nächste
Fastenzeit möchte man ihm empfehlen, einmal
ganz auf Fouls zu verzichten – oh, diese Idee
könnte der Deutsche Fußballbund doch gene-
rell aufgreifen.

Die Power der Schnottküken

Wenn Sie selbst der *Generation Z* angehören – wissen Sie, was ein *Schnottküken* ist? Möglicherweise werden Sie von Vertreter*innen der *Generation Seniorenresidenz* öfter mal zu eben diesen *Schnottküken* gezählt! Voraussetzung dafür, dass wir jemanden so bezeichnen, ist unser Lebensalter: Wir sind älter als besagtes *Küken*. Und wir haben den Eindruck, dass unser Gegenüber bei einem gewissen Defizit in puncto Reife den Mund vergleichsweise sehr voll nimmt. *Schnott* oder *Schnotter* sind niederrheinische Wörter für den Nasenschleim, ein *Schnottküken* tut sich bei der Kulturtechnik des Schnäuzens noch schwer. Das gilt ebenfalls für den *Rotzlöffel*, der sich zusätzlich durch seine Frechheit auszeichnet.

 Die *Generation Z* (um die 20 Jahre alt) ist jünger als die *Generation Y*, die seinerzeit auf die *Generation X* gefolgt war. Damit wären wir aber auch schon bei den *Babyboomern*, die nun in Rente gehen (die *Generation Golf* und die *Millennials* übergehen wir mal). In meiner Jugend nannten wir ältere Leute manchmal etwas gehässig *Tattergreise*, was heute im Internet auch in der Schreibvariante *Tattagreise* auftaucht. Hat aber nichts mit *tatta* zu tun (*tatta gehen*), sondern mit *tattrig*, auf Platt *dadderig*. Das ließe sich mit zittrig übersetzen und kommt schon in die Nähe von *hömmelig* (hinfällig). Ein *Schnottküken* aber strotzt vor Kraft, wenngleich es beim Naseputzen vielleicht noch etwas Unterstützung braucht.

Über Affen und Kamele

Bekanntlich müssen sich unsere tierischen Mitkreaturen stets zur Verfügung halten, wenn wir Geschöpfe unserer Spezies beschimpfen und beleidigen wollen: *Du dusselige Kuh! – Du dumme Pute! – Du altes Ferkel!* Die Reihe ließe sich fast beliebig fortführen, wobei die Tiere des traditionellen Bauernhofs oft als erste herangezogen werden. Aber der Niederrhein nimmt, gerade in emotional aufgeladenen Situationen, durchaus auch andere Klimazonen in den Blick.

»Ich schlage dich gleich mit dem Kochlöffel um die Ohren, du Affe!« Dieser Satz sollte in den Jahren 1884/85 in jedem niederrheinischen Ort in den Dialekt übersetzt werden. Dem Linguisten Georg Wenker kam diese Titulierung damals absolut geläufig vor.

Auf Platt hieß es seinerzeit *do Aap*, mancherorts auch *gej Aap*, daran hat sich bis heute nichts geändert. *Du Aap* wird man – neben *du*

Affe – außerdem in der regionalen Umgangssprache zu hören bekommen, wenn es hoch hergeht. Beliebt ist auch das *Kamel* (wobei nicht zwischen Dromedar und Trampeltier unterschieden wird). Es lässt sich zum *Lappekamel* steigern, ohne dass diese Zusammensetzung erklärt werden könnte. An *Aap* schließt sich *Apekopp* an, eine weitere Beschimpfungsoption aus dem Dialekt. *Affenkopf* ist wohl weniger gebräuchlich. Da fällt einem dann noch der *Affenarsch* ein oder – zurück zur landwirtschaftlichen Produktionsstätte unserer Breitengrade – die *Drecksau*. Das lässt sich eigentlich nicht mehr toppen.

Salve – aber wat?

Als in der katholischen Messe noch Latein angesagt war, mussten die Messdiener (damals noch ohne Messdienerinnen) lateinische Gebete beherrschen, gleich am Anfang des Gottesdiensts war das »Stufengebet« zu bewältigen. Die Jungs atmeten auf, wenn ein Gymnasiast, der Latein in der Schule hatte, neben ihnen kniete. Der musste die Führung übernehmen, sodass im allgemeinen Gemurmel einzelne Vokabeln zu unterscheiden waren. Latein machte damals den Unterschied aus, dafür wurde es bei geeigneter Gelegenheit allerdings auch verspottet. Etwa mit *Agricola arat: Der Bauer fährt Fahrrad* (richtig wäre: Der Bauer pflügt). Und: *Ancilla laborat: Die Magd fährt Motorrad* (richtig wäre: Die Magd arbeitet).

    Nicht zu vergessen das niederrheinische Wirtshauslatein, das allerdings eine römisch-katholische Sozialisation voraussetzt. Im Raum

Kevelaer geht es von dem mit großer Inbrunst gesungenen *Salve Regina* des Marienlieds »Gegrüßet seist du, Königin« aus: In der Kneipe, zu vorgerückter Stunde, stimmt ein Mann mit tragender Stimme an: *Salve* …. Die ganze Gesellschaft fällt ein: *… salve, salve noch enne drenke.* – *Salve* ist plötzlich kein Kirchenlatein mehr, sondern niederrheinisches Kneipenplatt: »Sollen wir …« – *ja wat denn?* »… noch einen trinken.« Die Wirtin kennt das Procedere und ist im nächsten Augenblick mit einem vollen Tablett gekühlten Messbiers zur Stelle. Da sage noch einer, Platt sei eine tote Sprache.

Et gibbt nix, waddet nich gibbt

Et gibbt … – ein beliebter Satzanfang am Niederrhein. Was kann es nicht alles geben:
… schlecht Wetter, … wat Leckres, … genuch zu essen, … viel zu tun. Wenn es aber *nix gibbt* (oder *nix mehr gibbt*), dann … hat die Küche schon zu, … wird man das Ziel nicht erreichen, … will jemand partout nichts geben, … hat es eventuell von Anfang an zu wenig gegeben. Oder *dat, waddet nich (mehr) gibbt*, war sogar nie existent; dann beißt sich unser Satz allerdings in den eigenen Schwanz.

    Im Moerser Raum sagte man früher auf Platt (hier in die Umgangssprache transponiert): *Wat man gibbt, dat is man quitt*: Ist das bereits Philosophie? Oder doch bloß *Kniepigkeit*? Dagegen behauptet die Bibel ja, geben sei seliger als nehmen.

    Et – Es, *gibbt* – gibt, *nix* – nichts, *waddet* – was es, *nich* – nicht, *gibbt* – gibt: Die Sentenz in ihrer niederrheinischen Fassung kann zugleich als Merksatz für die regionale Phonetik verwendet werden. Auch wenn es natürlich noch viel mehr Feinheiten *geben tut*. Als ein japanischer Autobauer vor Jahren nach einem neuen Slogan für den deutschen Markt suchte, soll eine Werbeagentur ihm folgenden Satz vorgeschlagen haben: *Es gibt nichts, was es nicht gibt*. Dem Management in Fernost war er allerdings deutlich zu lang, sodass es sich nach einigem Hin und Her für eine – sagen wir mal – Kurzfassung entschieden hat: »*Nichts ist unmöglich* – Markenname.« *Wat gibbet da zu lachen?* Das sei doch Quatsch, Sie glauben mir nicht? Vorsicht, *et gibbt nix, waddet nich gibbt!*

Zwei Bällchen im Hörnchen, aber bitte mit Sahne

Damit kein Missverständnis entsteht: An dieser Stelle sollen auch in Zukunft keine Udo-Jürgens-Texte unter die Lupe genommen werden. Das eigentliche Thema bilden sowieso die *Bällchen* und *Hörnchen*, die inzwischen häufig durch *Kugel* und *Waffel* ersetzt werden. Wir sprechen also übers Speiseeis, beim Natureis würden wir ja wohl nicht 1,60 Euro fürs *Bällchen* hinlegen. Wenn ich allerdings an den Klimawandel denke ... Aber bleiben wir beim süßen Eis.

 Als ich seinerzeit während eines Spanienurlaubs in einer Eisdiele zwei *Bällchen im Hörnchen* bestellt hatte, reichte mir der aus Deutschland stammende Inhaber das Erwünschte mit der Bemerkung, ich sei wohl aus dem Rheinland. Da musste ich natürlich nachfragen und erfuhr, dass die meisten Kunden und Kundinnen aus Deutschland *Kugeln* in der *Waffel* ordern. Der Mann stammte übrigens aus Düsseldorf und wusste, wovon er sprach. Zu *Bällchen* gäbe es noch eine niederrheinischere Variante – die *Bällekes*.

Die Bezeichnung *Hörnchen* passt eigentlich hervorragend zur Sache, in Frankreich sagt man ja auch *cornet (de glace)*. Dagegen kann eine *Waffel* ganz unterschiedlicher Form sein, vom Trichter über das Schälchen bis zur Platte. Aber Sprache wandelt sich eben, und so gehe ich bis heute zur *Eisdiele*, auch wenn sie sich selbst seit Jahr und Tag schon *Eiscafé* nennt. Ich werde auch wohl nie (außer bei Wien-Besuchen) *mit Schlagobers* statt *mit Sahne* bestellen – aber gesünder wäre sowieso, hier wie dort: *mit ohne*.

Wird »reinigen« bei uns denn großgeschrieben?

Womit der niederrhein im alltag kein problem hat: mit der groß- und kleinschreibung – zumindest solange es um die mündliche kommunikation geht. Das wort *reinigen* wird mit einem klaren *r* am anfang gesprochen, die frage, ob groß oder klein, stellt sich nicht. Aber wenn wir schreiben müssen!

    Im Jahr 1885 schrieben Winnekendonker Feuerwehrleute einen Brief an den Bürgermeister, in dem sie darum baten, dass jeder von ihnen jährlich zehn Mark »*für Mühewaltungen bei Bränden sowie Reinigen der Spritzen und reviediren derselben*« erhalten sollte. *Reinigen* musste hier wohl großgeschrieben werden, anders als in einem Satz wie: *Du musst die Fitz reinigen*. Aber *Revidiren* (= überprüfen) hätte in diesem Fall ebenfalls ein großes *R* bekommen müssen (und nur ein *i* statt *ie* in der zweiten Silbe, dies nebenbei). Das *-iren* sah seinerzeit aber tatsächlich so aus, damals ging *probiren* noch über *studiren* (wahrscheinlich aber mit großem *P* und großem *S*).

Es ist kompliziert, über gesprochene Sprache zu schreiben: Bin ich *am essen* oder *am Trinken*? Bin ich *stehengeblieben* oder *sitzen gegangen*? Muss ich nach dem *Reinigen*, wenn noch Schmutz zu sehen ist, ein zweites Mal *reinigen*? Gut, am Niederrhein wird relativ wenig gereinigt, dafür mehr *geputzt* oder *saubergemacht* (*sauber gemacht*?). Das liegt vielleicht daran, dass es hier auch selten *schmutzig* ist, dafür jedoch schon mal *dreckig* oder, nun ja, *schmierig* – aber bitte stets mit einem Kleinbuchstaben!

Alle Knicker in die Kuhle

Knicker ist eine alte Bezeichnung für einen kleinen runden Gegenstand; wer das Wort in dieser Bedeutung noch kennt, ist womöglich schon ein – tschuldigung! – *Knacker* oder eine *Knackerin*. Einige haben vielleicht selbst sogar noch mit *Knickern* (oder *Knickers*) gespielt: ein *Külleken* (eine kleine Kuhle) gegraben, auf Abstand gegangen und dann mit dem Zeigefinger einen *Knicker* Richtung Kuhle geschnippt. Heute kennt man den *Knicker* ja eher als einen geizigen Menschen: Wer *kniepig* ist, ist auch *knickerig*. Dagegen ist der *Knicker* (auf Platt: *Knecker*), der in die Kuhle soll, kugelig bei einem Durchmesser von vielleicht einem Zentimeter: Es ist eine Murmel.

    Wenn am Niederrhein allerdings jemand *einen an der Murmel* hat, ist etwas ganz anderes gemeint. Statt Murmel kann dann auch *Marmel* stehen oder *Waffel* oder oder. Wir schweifen ab.

Gut möglich, dass Sie noch völlig andere Bezeichnungen für *Murmel/Knicker* kennen, je nachdem, ob die Kugel aus Ton, Glas oder Metall bestand, groß oder klein war, farbig oder braun. *Klicker* wäre auch eine Alternative. Vielleicht verreisen Sie ja demnächst, und wenn Ihr Ziel in Westfalen oder Niedersachsen liegt: Fragen Sie die Leute dort ruhig einmal, ob man hier früher auch *geknickert* hat – die Chance ist groß, dass man weiß, was Sie meinen. In Bayern wäre die kleine Kugel übrigens ein *Schusser* und in Teilen der Schweiz eine *Marmel*. Aber um dort Urlaub zu machen, dürfen Sie nicht *knickerig* sein (der Schweizer Franken!).

Zeit für ein gemütliches Velozipedstöürken

Im Duden ist zu erfahren, wie Wörter wie *Fadaise*, *Schabzieger* oder *Veloziped* richtig geschrieben werden. Deshalb heißt das Nachschlagewerk ja auch »Orthographisches Wörterbuch der deutschen Sprache«. Vor mir liegt allerdings die achte Auflage von 1905, die Konrad Duden noch selbst bearbeitet hat; damals schrieb sich *dass* noch *daß,* und auch die *Lambertsnuss* hatte ein *ß* am Ende.

Ein *Velozipedstöürken* wäre ein kleiner Fahrradausflug. Geläufiger in der heutigen Umgangssprache des Niederrheins ist das *Fietstöürken*, wobei *Fiets* mit zunehmender Entfernung zur niederländischen Grenze immer seltener zu hören ist; statt *Fiets* (nach dem Vorbild von niederländisch *fiets*) könnte man auch *Fitz* schreiben. Vor nicht allzu langer Zeit erklärte mir eine Frau aus Sonsbeck, dort sei dieses Wort vollständig ungebräuchlich – was ich nicht glauben wollte. Immerhin bin ich nur ein paar Kilometer weiter aufgewachsen und mit der *Fiets* großgeworden.

 Eine *Fadaise* war übrigens seinerzeit eine Albernheit und ein *Schabzieger* ein Kräuterkäse; die *Lambertsnuss* oder der *Lambertshasel* wächst bis heute. Eine Tour, die wohl niemals zu einem *Töürken* (oder *Türken*) werden wird, ist die *Tour de France*, die große Rundfahrt für Radprofis. Am Niederrhein aber lässt sich selbst der Anstieg des Oermter Bergs in ein nettes *Töürken* integrieren, zur Not eben in ein E-Bike-*Töürken*.

Du kriss Mamas an

Ich erlaube dir nicht, deine neuen Handschuhe zu tragen; ich werde dir Mamas alte anziehen – dieser kombinierte Verbots-/Gebotssatz lässt sich im Niederrheinischen durch eine Kurzformel ersetzen: *Du kriss Mamas an!* Das Tätigkeitswort *ankriegen* ist natürlich auch im Sommer zu hören: *Du kriss dat neue T-Shirt heute noch nich an!* Und die von Ihnen im Internet bestellten Schuhe, die sich als zu klein erweisen, *kriegen* Sie ebenfalls nicht *an*.

Wenn wir eine Kerze *ankriegen*, dann brennt sie; *kriegen* wir den Motor *an*, ist es uns gelungen, ihn zu starten. Was wir *angekricht* haben, *kriegen* wir aber hoffentlich auch wieder *aus*. Will das partout nicht gelingen, *kricht* man schon mal *die Pimpernellen*.

Zurück in die kalte Zeit des Jahres. Wenn Sohn oder Tochter sich weigern, eine wärmende Kopfbedeckung aufzusetzen, droht die Mutter vielleicht: *Du kriss jetz die Plümmelmütze auf! Sons bleibs du drinnen!* Früher war es den Eltern oder Großeltern sehr wichtig, dass das Kind *den Teller aufkrichte*, also keine Essensreste ließ. Ist jemand schweigsam, *kricht er den Mund nich auf*. *Aufkriegen* (beziehungsweise: *nich aufkriegen*) lassen sich auch die Tür, das Portemonnaie und vieles andere – und später auch wieder *zukriegen*.

    Zu hoffen ist, dass Zugezogene nicht *die Krise kriegen*, wenn sie es mit der niederrheinischen *kriegen*-Grammatik und ihren Lautvarianten *zu tun kriegen*! Ist alles erlernbar!

Die Pimpernellen kriegen

Selbst wer an normalen Tagen die Ruhe weg hat, kommt gelegentlich in Situationen, die ihn oder sie rufen lassen: *Ich krich die Pimpernellen*. Andere kriegen dann schlicht *die Krise* oder *die Krätze*. Ebenfalls gern gewählt wird in entsprechenden Kontexten der *Nervenzusammenbruch*: *Ich krich gleich en Nervenzusammenbruch*.

    Die *Pimpernelle* ist ein bestimmtes Kraut; im Latein des Mittelalters kommt sowohl eine *pipinella* als auch die *pimpernella* vor. Welche Pflanzen heute aber als *Pimpernellen* bezeichnet werden können, variiert möglicherweise von Region zu Region. Die meisten Menschen am Niederrhein würden wahrscheinlich sagen, dass sie noch nie im Leben eine *P.* zu Gesicht bekommen haben. Neben der *Pimpernelle* scheinen noch *die Pimpinelle* und *die Bibernelle* und auch *der Pimpernell* zu wachsen – offenbar sind alle identisch. Doch bleiben wir beim bildlichen Gebrauch: *Ich krich noch die Pimpernellen* – in diesem Satz steht das *ich krich* nicht für die Gegenwart, sondern für die unmittelbar bevorstehende Zukunft.

Tritt der befürchtete Zustand dann tatsächlich ein, folgt in aller Regel allerdings kein Satz wie *Jetz habb ich se* oder *Jetz habb ich die Pimpernellen gekricht*. Nein, die *Pimpernellen* dienen ausschließlich der Ankündigung, man kann sie nur *kriegen – die P. bekommen* aber kann man wohl nicht: *bekommen* und *kriegen* ist eben nicht dasselbe, wie folgender Satz belegt: *Wenn ich wieder zu wenig bekomme, krich ich zu viel.*

Wenn die Schellemännekes klingeln

Die neuen *Schellemännekes* bringen Pakete. Früher undenkbar. Da klingelten sie an der Tür, gern auch zwei- oder dreimal, schnell hintereinander. Und wenn dann der Hausherr oder die Dame des Hauses die Tür öffnete, war niemand (mehr) zu sehen – aber es lag auch kein Paket vor der Tür! *Klingelstreich* nennt die Alltagskulturforschung den Kinderschabernack, bei der die Türklingel betätigt wird ohne die Absicht, mit den Bewohnern ins Gespräch zu kommen. Am Niederrhein kann man mit der *Fahrradschelle klingeln* und an der *Türklingel schellen* – und umgekehrt. Anderswo in Deutschland vermögen *Schellemännekes* an der Haustür sogar zu *läuten*, am Niederrhein aber werden nur die Glocken in der Kirche *geläutet*, im Hochdeutschen wie im Dialekt: *De Klocke lüje*.

Wer zu Hause die Werke Heinz Erhardts im Bücherregal hat, kann ja mal nachschlagen, was dort über das *Schellen* steht: Bei ihm *schellt* der *Schellfisch* – und wie hört sich das an: »*Klingling*«! Der Titel des betreffenden Gedichts lautet »Artverwandt«. *Schellen* und *klingeln*, *Schellemännekes* und, wie man auch sagen kann, *Klingelmäuschen*: Alles dasselbe.

    Auf Platt kann man *et Schellemännke make* oder *Schellemännekes maken*, daraus wird in der regionalen Umgangssprache *Schellemännekes machen* oder *Schellemännchen machen*. Im Dialekt lässt sich auch einfach *et Schelleke trecke* (ziehen). Die Wirkung ist stets dieselbe: Der oder die Beschellte ärgert sich und stößt eine Drohung aus: *Männekes, wenn ich euch krich!*

Pommes vonne Frittenbude

An der *Frittenbude* gibt es dasselbe zu kaufen wie an der *Pommesbude*: *Pommes frites* (und einiges mehr). Die Preise sind hier wie dort identisch, denn *Pommes* und *Fritten* sind ja nur alternative Bezeichnungen für die beliebten Kartoffelstäbchen. Gern mit Mayo und Ketchup. Die *Fritten* kennt man nur im Westen Deutschlands – hier orientiert man sich offensichtlich am flämischen Sprachusus (*frieten, fritten*), wie im »Atlas zur deutschen Alltagssprache« nachzulesen ist. Für die Verzehrvariante mit Ketchup und Mayonnaise hat sich im rheinischen Dialektraum *Pommes rut-wieß* eingebürgert, deren Farbmuster praktischerweise mit den Vereinsfarben des 1. FC Köln identisch ist. Im Ruhrgebiet ist dafür *Pommes Schranke* zu hören.

Pommes frites, die Ausgangsform, ist französisch und wird in Deutschland auch schon mal *Pomm Fritz* ausgesprochen, was irgendwie an den *Alten Fritz* (Friedrich II.) erinnert, der, wie wir wissen, sehr gut Französisch zu parlieren wusste. Als dann in der zweiten Hälfte des 20. Jahrhunderts die frittierten Kartoffeln in Stäbchenform den Niederrhein eroberten, sparten Kinder und Jugendliche ihr Taschengeld, um eine Portion *30-10-10* bestellen zu können. Das war die preiswerteste im Angebot, aber nach meiner Erinnerung alles andere als ein kleines Portiönchen. Versuchen Sie heute doch mal, für diese Geldsumme an der *Pommes-* oder *Frittenbude* etwas zu bekommen: Für 50 Cent *gibbet nix* – und damals waren es nur 50 Pfennig!

Das Land der Baggerlöcher und Seen

Nicht jedes *Loch* ist auch eine *Grube*, ein Mauseloch zum Beispiel ist keine. Auch beim Golfsport wird auf diesen Unterschied Wert gelegt. Aber das *Baggerloch* erfüllt die an eine *Grube* zu stellenden Bedingungen, kein Wunder, handelt es sich dabei doch um eine *Kiesgrube*. *Baggerlöcher* gibt es am Niederrhein ja jede Menge. Sind sie schon vor Jahrzehnten entstanden und von Sträuchern und Bäumen umsäumt, werden sie für Erholungssuchende von nah und fern attraktiv.

Manche Baggerlöcher haben sogar den Ehrentitel *See* erhalten, bekannte Beispiele sind »Nord-« und »Südsee« bei Xanten. Während es alternativlos *die* Kiesgrube und *das* (oder *dat*) Baggerloch heißt, hängt die Frage nach dem grammatischen Geschlecht bei diesen zwei Gewässern mit den großformatigen Namen allerdings in der Luft: Sowohl *der* als auch *die* werden verwendet: *die Nordsee, der Südsee* und umgekehrt.

Rein von der Größe her käme ja *der* in Betracht, aber ein Fahrradausflug *an die Nordsee* hat was, mit einer solchen Reise kann man *strunzen*. Und wenn man dann noch in (den) Alpen startet, die Höhen der (Sonsbecker) Schweiz überwindet und schlussendlich *die Nordsee* erreicht, hat man später wirklich was zu erzählen. Und das Ganze womöglich mit einem konventionellen Zweirad! Empfohlen sei, von unterwegs keine Ansichtskarten zu verschicken – freundlich gemeinte Kartengrüße aus Issum oder Labbeck könnten die schöne Geschichte auffliegen lassen.

Ein Reim auf Schuffel

Es ist nun auch schon wieder eine ganze Ecke her, 2007 war das, da fand in Oberhausen ein großes Quiz zur niederrheinischen Alltagssprache statt. Sechs Rateteams waren dabei, darunter das Krimi-Trio Leenders/Bay/Leenders aus Kleve (sie wurden zweite). Bei einer der Fragen ging es um die *Schuffel* (das Gartengerät) – und die Schüler und Schülerinnen aus Mönchengladbach wussten nicht, was das war: eine *Schuffel*? Ein späterer Bericht über den Quiznachmittag trug denn auch die Überschrift: »An der Schuffel gescheitert«. Wären die jungen Leute gefragt worden, was eine *Schüppe* ist – sie hätten's gewusst. Auch bei *Schüppchen* oder *Schüppken*, bekannt von Spielplätzen und Strandurlauben, hätten sie wohl nicht passen müssen. Für die *Schüppe* (auf Platt: *Schöpp*) sind im Hochdeutschen ja *Schaufel* und *Schippe* bekannt – nicht zu verwechseln mit dem *Spaten*, im Dialekt: *Spajschöpp* (mit Varianten). Gewonnen hat 2007 übrigens das Rateteam der Geschichtswerkstatt Oberhausen.

Schuffel (niederrheinisch) und *Schaufel* (hochdeutsch) haben, leicht zu erkennen, dieselbe Wurzel, bezeichnen heute allerdings ganz unterschiedliche Gerätschaften. Im Niederländischen entspricht dem die *schoffel*, darauf reimt sich *troffel*. Die niederländische *troffel* wird am Niederrhein *Truffel* genannt; jetzt könnte man wieder Jugendliche fragen: Ist die *Truffel* a) ein unterirdisch wachsender Pilz, b) eine Maurerkelle oder c) eine runde *Schuffel*? Zumindest Azubis auf dem Bau wissen: b) ist richtig.

Der Herr Gedönsrat gibt sich die Ehre

Der *Herr Gedönsrat* hat den Vorsatz *Herr* vielleicht dem *Herrn Geheimrat* zu verdanken, der hätte dann auch gleich die Endsilbe mitgeliefert; allerdings ist der *Geheimrat* samt Titel schon seit Jahrzehnten von der Bildfläche verschwunden. *Gedöns* setzt sich zusammen aus *Ge + dön + s*, wobei die Mittelsilbe auf *don* zurückgehen dürfte, eine regionale Variante des Tätigkeitsworts »tun«, so das Herkunftswörterbuch »Wo kommt dat her?« In den Dialekten des Niederrheins ist aber nicht *don*, sondern *dun* zu hören: Hier sagte man früher auch *Geduns* oder *Gedüj*. Aber *Gedöns* hat sich inzwischen auf ganzer Linie durchgesetzt. Das Wort bezeichnet ein übertriebenes Getue, ein unnötig aufgeregtes Verhalten, außerdem werden Gegenstände der Güteklasse Krimskrams so genannt – so oder so, *Gedöns* klingt nicht positiv. Aber wie sieht's aus beim *Gedönsrat*?

Ein Mann, der bei seinen Mitmenschen als ein solcher gilt, ist ein Wichtigtuer oder ein Umstandskrämer: Wie das *Gedöns*, so sein *Rat*. Es gibt aber auch den Fall, dass jemand mit *Herr Gedönsrat* angesprochen wird: Dann handelt es sich vielleicht nur um die lustige Begrüßung eines guten Bekannten, dessen Namen man dabei durch den nicht ganz ernst gemeinten Ratstitel ersetzt: *Ach, der Herr Gedönsrat besucht uns auch ma widder!* Wie die Gesangsvereinigung in dem Ausruf *Mein lieber Herr Gesangverein* an die Anrede *Herr* gekommen ist, steht wieder auf einem anderen Blatt. Vom *lieben Scholli* ist sie jedenfalls nicht geborgt.

Wat meinze, wat mich dat interessiert?!

Für den Niederrhein liegen viele Dialektwörterbücher vor, zum Beispiel eins für Meiderich, andere für Rees, für Bedburg-Hau, für Rheinberg … – die Reihe ist lang (hat aber noch Lücken). Was die Autoren und Autorinnen verbindet: Sie interessieren sich für Sprache. Andererseits leben in der Region nicht wenige Menschen, die sich *nie im Leben* ein solches Buch kaufen würden, sie wollten es *auch nich geschenkt* haben. Denn deren Inhalt interessiert sie überhaupt nicht.

    Wie oft bin ich schon gefragt worden, wie mein Interesse für die regionalen Sprachformen denn entstanden ist – ich weiß es nicht. Oder wie es »geweckt« wurde – nach meiner Erinnerung war es eigentlich schon immer da. Mir sind schon in jungen Jahren bestimmte Wörter und Sätze »aufgefallen«. Wenn meine Oma etwa von einem *Freimärksken* sprach (Briefmarke).

Oder wenn beim Streit zwischen Jungs Ohrfeigen angedroht wurden mit den Worten: *Du kriss gleich wat vor dat Masken!* Dass es nicht nur *die Maske*, sondern auch *dat Masken* gab, fand ich bemerkenswert.

In der Sprachwissenschaft nennt man aufgeschnappte Äußerungen »Hörbelege«. Nun kenne ich viele Leute, die zeitlebens Hörbelege dieser Art in ihrem Gedächtnis aufbewahren, ohne sich für ein Studium der Linguistik einzuschreiben. Aber das Interesse ist da und bleibt wach. Den Satz *Wat meinze, wat mich dat interessiert?!* habe ich erst kürzlich auf der Straße gehört. Gemeint war offensichtlich: *Kein Hacken!*

Nache Schule nache Kirche

Sehr lebhaft erinnere ich mich an ein Fußballspiel gegen den SV Uedem vor vielen Jahren, in dem einer aus meiner Mannschaft einem Gegenspieler drohte: *Noch einmal, dann krisse ein paar vor de Ohren!* Hinter die Ohren – vor die Ohren: Der Niederrhein geht nicht selten eigene Wege, wenn es sich um Präpositionen handelt, und *nach* hat es ihm besonders angetan. So geht man hier *nach Lissbeth* (Name einer Wirtin), *na Edeka* oder *nache Schule*. Zu erwarten wäre im Schriftdeutschen ja ein *zu*. Ob *nache Schule* nun aber »zum Schulgebäude« oder »nach Schulschluss« meint, entscheidet der Kontext. Also: räumlich oder zeitlich? Dabei büßt *nach* unter bestimmten Umständen seinen Auslaut ein: *na-de Schule*, *na-n Auto* (zu einem Auto). Unterscheiden lassen sich kurze und lange Varianten des *a*: *nadde* Kirche oder *naache* Kirche. Dort, wo *der Jupp* zu Hause ist, sagt man *naam Jupp*, sonst geht es einfach *na Jupp* (oder *na Jüpp, na Juppi* ...).

    Spannend wäre es, wenn sich in Erfahrung bringen ließe, wo, wann und wie oft *bei* anstelle von *nach* verwendet wird, wenn die Richtung gemeint ist. *Wir gehn noch eben bei Lissbeth* habe ich jedenfalls nicht oft gehört; vertrauter klingt: *Wir gehn noch eben bei Lissbeth an* (kann Stunden dauern). Und Sätze wie *Komma bei die Omma* sind möglicherweise auf der Bühne üblicher als im alltäglichen Leben. Obwohl – *Komma hier* ist nicht viel ungewöhnlicher als: *Kumma hier!* Aber das wäre schon wieder ein anderes Thema.

Dat Männeken hat dazwischengefunkt

Das wird Ihnen bekannt vorkommen: Manchmal tut *dat Männeken*, wenn es eigentlich gefordert wäre, auch gar nichts. Dann gebe ich in die Tastatur versehentlich *Zshnarzttermin* ein – und das Wort bleibt so stehen! Dass es sich um den Besuch bei einer Frau Dr. med. dent. handelt, muss detektivisch erschlossen werden.

Männeken soll hier überhaupt nicht lustig klingen – offiziell wird es als »Autokorrekturprogramm« bezeichnet. Es hat den Auftrag, Fehler, die ich mache, selbsttätig zu beheben – was aber, siehe *Zshn*, beileibe nicht immer klappt. Die deutsche Schriftsprache beherrscht *dat Männeken* zwar leidlich gut, aber es hat so seine Probleme, wenn ich auf die niederrheinische Umgangssprache nicht ganz verzichten will. Versuchen Sie doch einmal *hinkeln* oder *rüseln* einzugeben – der kleine Spielverderber schreibt *hinken* und *Rüsseln*; mit der außereuropäischen

Tierwelt scheint er vertraut zu sein. Oder probieren Sie mal *kapores* (kaputt) – er schreibt *kapptest* (kein Test in puncto kappen!).

Als ich mich neulich mal wieder über eine Verschlimmbesserung geärgert hatte und den Übeltäter in einer digitalen Nachricht bloßstellen wollte, stand da, als ich das Ganze hinterher las, nicht *Männeken*, sondern: *Männerchor*! Es hatte wieder einmal dazwischengefunkt. Aber vielleicht haben wir es hier auch mit einer Form höherer Wahrheit zu tun: Denn es müssen schon mehrere *Männekes* am Werke sein, um all diesen Unsinn rund um die Uhr (»24/7«) zu verzapfen.

Wo aus Hubbels Huckels werden

Als Bedeutung von *Hubbel* wird in deutschen Wörterbüchern gern »Unebenheit« angeführt, was schon daran liegt, dass in solchen Nachschlagewerken der Raum fehlt, um das ganze Bedeutungsspektrum eines Stichworts und dessen Feinheiten zu entfalten. Was ist also ein *Hubbel*? Er ist eher gewölbt als spitz oder kantig, eher klein als groß: Einen *Riesenhubbel* gibt es wohl nicht.

Den *Huckel* verzeichnen solche Wörterbücher seltener, am Niederrhein aber kommt der *Huckel* recht häufig vor – zumindest bei älteren Leuten. Nur in der Klever Ecke und südlich von Moers dominieren die *Hubbels*, so die Themenkarte dazu im Sprachatlas »dat & wat«. Wer den *Huckel* kennt, spricht auch von *huckelig*, von *Hubbel* leitet sich *hubbelig* ab. Das Mehrzahl-*s* verdankt die Umgangssprache den hiesigen Dialekten, in denen Wörter auf *-el* und *-er* gern den Plural mit einem -s bilden. *Da bleibße mit deine Fottfingers von!*

Einen solchen Satz, angesiedelt im Spannungsfeld zwischen Ermahnung und Drohung, wird man heutzutage aber wohl nur noch selten zu hören bekommen. Und wenn früher die *Huckels* das Fahrradfahren auf Feldwegen unangenehm gemacht haben, dann sind daraus inzwischen die *Huckel* oder *Huckeln* geworden (entsprechend die *Hubbel/Hubbeln*): *Et bleibt so wenig übber!* Und außerdem gibt es inzwischen viel mehr ausgebaute Fahrradwege, die ganz zweifellos ihre Vorzüge haben; der Allerwerteste lässt danken, er vermisst die *Hu...els* nicht.

Friede, Freude, Fannekuchen

Die Weihnachtstage werden manchmal als Zeit von *Friede, Freude, Eierkuchen* verunglimpft, in der die tatsächlichen Probleme der Menschheit zugekleistert würden. Am Niederrhein hat diese Losung ein besonderes Beigeschmäckle, kennt man hier doch eigentlich keinen *Eierkuchen*. In der Region liebt man den *Fannekuchen* – der in Berlin als *Eierkuchen* bekannt ist. Inzwischen gibt es ihn übrigens auch schon ohne Eier (komplett vegan).

Auf Platt ist der *Fannekuchen* ein *Pannekuuk*, so kommt er in den meisten Dialekten vor. Zum Süden hin wird daraus der *Pannekuck* oder auch *Pannekock* oder *Pannekook* (beispielsweise in Mönchengladbach). Nähert man sich dem Westfälischen, ist wiederum *Pannekook* oder *Pannekoken* (so etwa in Schermbeck) zu hören. Der *Fanne* entspricht im Dialekt eine *Pann*, aus *Pannek...* wird in der regionalen

Umgangssprache folgerichtig der *Fannekuchen*. In der Schriftsprache ist das der *Pfannkuchen*; und obwohl kaum jemand das *pf-* am Wortanfang aussprechen wird, dürften es die meisten Menschen wohl so schreiben – wie *Pfeffer* (gesprochen *Feffer*) oder *Pfau* (gesprochen *Fau*).

Mehr Probleme ergeben sich bei der Silbenzahl von *Fannekuchen*. In der Schriftsprache sind es ja nur drei Silben; aber man kann doch immer wieder, auch im Restaurant, »*Pfannekuchen*« lesen. Ähnlich sieht es beim niederrheinischen *Ellebogen* aus, den die hochdeutschen Wörterbücher als *Ellbogen* verzeichnen; in diesem Fall existiert eine viersilbige Variante, allerdings mit zwei *n*: *Ellenbogen*.

Macht et gut!
Bis die Tage!

Wenn der zweite Weihnachtstag vorüber ist und das neue Jahr noch nicht begonnen hat, bewegen wir uns *zwischen den Jahren*. Eine ulkige Formulierung, die einer mathematisch-naturwissenschaftlichen Überprüfung nicht standhält. Dieser Zeitraum endet an Silvester, spätestens dann, wenn wir uns versammeln, um in schöner Runde ins neue Jahr *reinzufeiern*. Um null Uhr heißt es dann *Prosit Neujahr* und wir stoßen auf ebenjenes an. Eine der Alternativen dazu besteht natürlich darin, den Übergang schlafend in der eigenen *Heia* zu erleben.

    Gehören wir aber zum feiernden Teil der Gesellschaft, gehen wir vielleicht erst am frühen Morgen auseinander, nicht ohne uns in gehöriger Form zu verabschieden. *Macht et gut! Bis die Tage!* wäre beispielsweise ein echt niederrheinischer Abschiedsgruß – eigentlich sind es schon zwei. Deren erster Teil geht auf den Dialekt zurück, in dem es *Maakt et gut!* heißt, wobei ja kein aktives »machen« im Sinne von »bewerkstelligen« intendiert ist, sondern der Wunsch zum Ausdruck gebracht wird, dem oder der anderen möge es wohlergehen.

Bis die Tage! – wenn man jetzt schon genau wüsste, wann das nächste Zusammentreffen stattfinden wird, könnte man ja präziser werden, zum Beispiel: *Bis Mittwoch also!* So aber deckt dieser Gruß eine ungefähre Zeitspanne ab, die im konkreten Fall vom übernächsten Tag bis zum Beginn des Monats Februar reichen könnte, so mein Gefühl. *Bis die Tage!* ist fast unbegrenzt kombinierbar, nicht nur mit *Macht es gut!* In diesem Sinne: *Nix für ungut! Und bis die Tage!*

Literatur

- Atlas zur deutschen Alltagssprache: Elspaß, Stephan / Möller, Robert: Atlas zur deutschen Alltagssprache (AdA) (2003 ff). https://www.atlas-alltagssprache.de (letzter Abruf 26.10.2023).
- Cornelissen, Georg: Der Niederrhein und sein Deutsch. Sprechen tun et fast alle. 4. Auflage. Köln 2014.
- Cornelissen, Georg: dat & wat. Der Sprachatlas für das Land am Rhein zwischen Emmerich und Eifel. Köln 2021.
- Cornelissen, Georg: Der Niederrhein und sein Platt. Prakesiere kömmt van ärme Lüj. Köln 2022.
- Dat Portal: https://dat-portal.lvr.de (letzter Abruf 26.10.2023).
- Honnen, Peter: Kappes, Knies & Klüngel. Regionalwörterbuch des Rheinlands. 7., überarbeitete und erweiterte Auflage. Köln 2012.
- Honnen, Peter: Wo kommt dat her? Herkunftswörterbuch der Umgangssprache an Rhein und Ruhr. Köln 2018.
- Rheinisches Wörterbuch. Im Auftrag der Preußischen Akademie der Wissenschaften […] bearbeitet und herausgegeben von Josef Müller u. a. Bonn / Berlin 1928–1971. Digital: https://woerterbuch-netz.de (letzter Abruf 26.10.2023).

Inhaltsverzeichnis

Der Hickeschlick hört nich auf ● 13
Dann kucken wer ma! ● 15
Gespannt wien Flitzebogen ● 17
Da bisse vonne Söck ● 19
Aus der Werkzeugkiste ● 21
Nikolauskerle und andere Gestalten ● 23
Dies Jahr war alles anders, wa?! ● 25
Ich bin sowwat von kaputt ● 27
Wer hat meine Schluffen gesehen? ● 29
Sag mir, wo die Buxen sind ● 31
Niemand war auf Schöcklebömm ● 33
Kuhdörfer im Hippeland ● 35
Vor die Pump geflitzt ● 37
Äppel klauen auf der Streuobstwiese ● 39
Wat man mit Klumpen machen kann ● 41
Vor Gutheit nix wert ● 43
Zweimal Kirmes im Jahr ● 45
Die ham mich gedöppt ● 47
Homeschooling für I-Dötzchen ● 49
Dat musse gleich ma duden ● 51

Höcksken und Stöcksken ● 53
Das Geheimnis der Tassen ● 55
Von Plätzchen und Teilchen ● 57
Dat Plümmo vonne gönne Kant ● 59
Nahmd, Frau van Nahmen ● 61
Die Rübe als Kürbis ● 63
Stillekes rieselt der Schnee ● 65
Der Pannas am Christbaum ● 67
Aus dem Leben eines Tannenbaums ● 69
Prost, prosit und prösterchen! ● 71
Jetz ma Butter bei die Fische! ● 73
Der Butter, die Butter, dat Bütterken ● 75
Neue Box für alte Schachtel ● 77
Von Tuten und Blasen ● 79
Der dritte Absacker ● 81
Ihr seid et selbs in Schuld ● 83
Kein Abtritt auf dem Fußballplatz ● 85
Der möppernde Knötterpott ● 87
Wat man nich im Kopp hat ... ● 89
Einladung zu einer Watwanderung ● 91

Portmonee mit Pott und Monet ● 93
Von nix kommt nix ● 95
Heute schon geknubbelt? ● 97
Alle waren davon am schwärmen ● 99
Nich mehr ganz dicht ● 101
Die Uhr setzen ● 103
Sach beim Abschied leise schüsskes ● 105
Im Leben nich! ● 107
Wo bis du denn von? ● 109
Dat gute alte Schlett is weg ● 111
Unegale Socken und zue Türen ● 113
Wo liegt Pusemuckel? ● 115
Schon widder is en Jährken um ● 117
Für kleines Geld ● 119
Dat Schwatte unter den Fingernägeln ● 121
Halleluja, Herr Kapitän! ● 123
Gänseblümkes unterm Appelbäumken ● 125
Den ganzen Rummel inne Tonne kloppen ● 127
Gartenzwerge und Giftzwerge ● 129
Die Power der Schnottküken ● 131

Über Affen und Kamele ● 133
Salve – aber wat? ● 135
Et gibbt nix, waddet nich gibbt ● 137
Zwei Bällchen im Hörnchen, aber bitte mit Sahne ● 139
Wird »reinigen« bei uns denn großgeschrieben? ● 141
Alle Knicker in die Kuhle ● 143
Zeit für ein gemütliches Velozipedstöürken ● 145
Du kriss Mamas an ● 147
Die Pimpernellen kriegen ● 149
Wenn die Schellemännekes klingeln ● 151
Pommes vonne Frittenbude ● 153
Das Land der Baggerlöcher und Seen ● 155
Ein Reim auf Schuffel ● 157
Der Herr Gedönsrat gibt sich die Ehre ● 159
Wat meinze, wat mich dat interessiert?! ● 161
Nache Schule nache Kirche ● 163
Dat Männeken hat dazwischengefunkt ● 165
Wo aus Hubbels Huckels werden ● 167
Friede, Freude, Fannekuchen ● 169
Macht et gut! Bis die Tage! ● 171

Zum Autor

Dr. Georg Cornelissen wuchs in Winnekendonk am Niederrhein auf. Nach dem Studium der Germanistik, Geschichte und Niederlandistik arbeitete er von 1985 bis 2021 als Sprachforscher für den Landschaftsverband Rheinland.

Der Verfasser bekannter Standardwerke zur Sprachgeschichte sowie zu den Familiennamen, den Dialekten und Regiolekten des Rheinlands schreibt als Kolumnist in der NRZ über das Niederrheinische und erläutert als Experte im WDR-Fernsehen (Lokalzeit am Samstag) die sprachliche Vielfalt Nordrhein-Westfalens.

© Greven Verlag Köln, 2024

Lektorat: Wera Reusch, Köln
Gestaltung und Satz: Birgit Kappler, Bregenz,
und Christina Schmid, Stuttgart
Gesetzt aus der Lausanne 300
Lithografie: prepress, Köln
Papier: Fly 07 schneeweiß, 115g/m²
Druck und Bindung: Beltz, Bad Langensalza
Alle Rechte vorbehalten

ISBN 978-3-7743-0978-4

Detaillierte Informationen über
alle unsere Bücher finden Sie unter
www.greven-verlag.de